Eine Stadt vor 100 Jahren

WEIDEN

Bilder und Berichte

Eine Stadt vor 100 Jahren

WEIDEN

Bilder und Berichte

von Petra Vorsatz

MITTELBAYERISCHE DRUCK- & VERLAGS-GESELLSCHAFT

Titelseite:
Der Münchner Landschaftsmaler Joseph Andreas Weiß, 1814-1887, fertigte für das Königshaus bayerische Stadtansichten zu Gemälden für die Münchner Residenz, darunter auch dieses Aquarell des Weidner Rathauses aus dem Jahr 1884

Rückseite:
Blick auf Weiden mit Michaels- und Josefskirche. Gemälde von Wilhelm Vierling, 1885–1974.

Frontispiz:
Allee, heute Bürgermeister-Prechtl-Straße, mit Josefskirche. Gemälde von Michael Lindner, 1880–1941,
Stadtmuseum Weiden.
Die Allee wurde 1714 von Pfalzgraf Theodor Eustach von Sulzbach begründet, der die ersten drei Lindenbäume »mit eigener hoher Hand« pflanzte. 1819 machte der bayerische König Max I. Joseph sie den Weidener Bürgern zum Geschenk.

Wir danken dem Stadtarchiv/Stadtmuseum Weiden für die Bereitstellung des Bildmaterials.

Fotografische Arbeiten: foto flor, Weiden

Die Deutsche Bibliothek – Cip-Einheitsaufnahme

Weiden : eine Stadt vor 100 Jahren : Bilder und Berichte / von Petra Vorsatz – Sonderausg. - Regensburg : Mittelbayerische Dr.- und Verl.-Ges., 1997
ISBN 3-931904-00-8

Sonderausgabe für die
Oberpfälzer Nachrichten

International Publishing GmbH, München
Gestaltung: Isgard Traspel, München
Reproarbeiten: Fotolito Longo, Frangart
Gesamtherstellung: GRAFEDIT SpA., Italien

ISBN: 3-931904-00-8

Inhalt

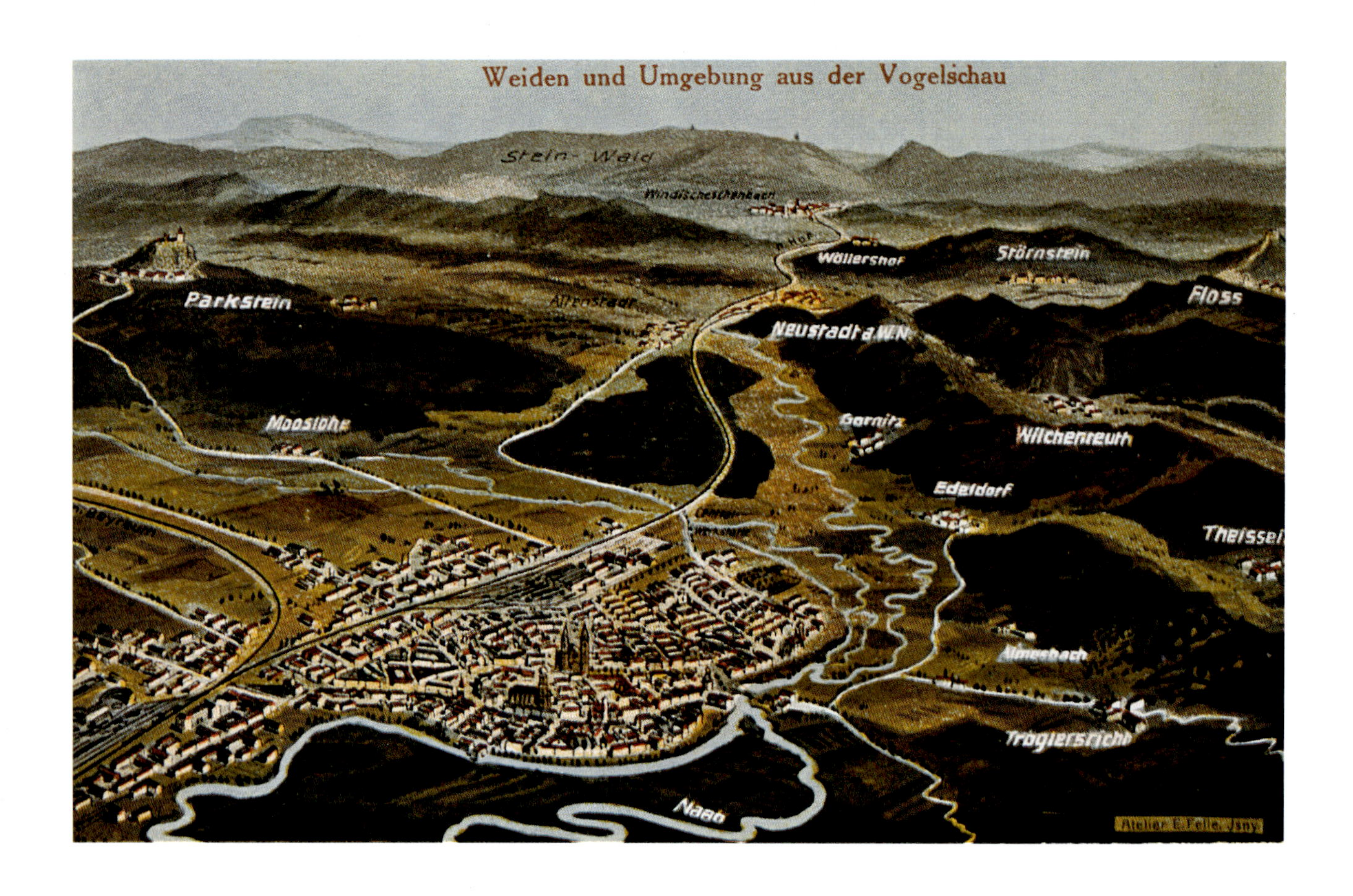

Weiden aus der »Vogelschau«.
Diese Chromolithographie-Karte der Stadt und ihrer Umgebung stammt aus dem bekannten Atelier E. Felle aus Isny im Allgäu. Der historische Stadtkern und die neu hinzugekommenen Ortsteile sind deutlich zu unterscheiden.

Die Stadt Weiden in der Oberpfalz vor 100 Jahren

Die einst blühende und reiche Handelsstadt Weiden lag nach dem Ende des Dreißigjährigen Krieges wirtschaftlich völlig darnieder. Plünderungen, sowohl durch die schwedischen als auch durch die kaiserlichen Truppen, und die vielen Abgaben, die an die Soldaten geleistet werden mußten, hatten die Stadt all' ihrer Kraft beraubt. Auch der Österreichische Erbfolgekrieg und die Napoleonischen Kriege hatten in den folgenden Jahrhunderten große finanzielle Einbußen zur Folge, die so weit gingen, daß die Stadt zu Beginn des 19. Jahrhunderts stadteigene Besitzungen verkaufen mußte, darunter auch die alte Stadtbefestigung, deren Mauern zum Bau von Häusern mitverwendet wurden.

Diese wirtschaftlichen Schwierigkeiten dauerten bis weit ins 19. Jahrhundert hinein an und noch 1850 hatte Weiden nur 2441 Ein-

Das romantische Landstädtchen Weiden im Jahr 1892

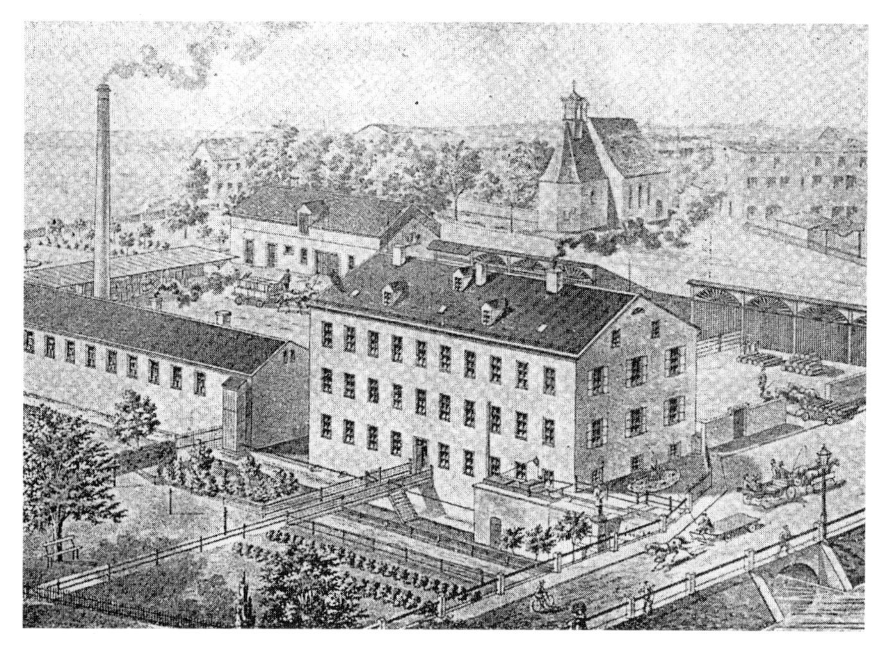

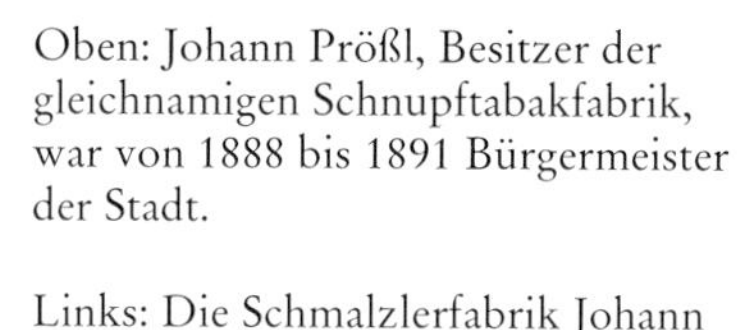

Oben: Johann Prößl, Besitzer der gleichnamigen Schnupftabakfabrik, war von 1888 bis 1891 Bürgermeister der Stadt.

Links: Die Schmalzlerfabrik Johann Prößl um 1906

wohner, ungefähr so viel, wie schon 300 Jahre zuvor. Die Manufakturengründungen des 18. und 19. Jahrhunderts, wie zum Beispiel die Woll- und Leinenfabrik Stöckl und Reinhard, die Dampfflachsrösterei von Georg Emanuel Zemsch und gar der geplante Kohlenbergbau waren alle nicht von Erfolg gekrönt.

Erst der Anschluß Weidens an die Eisenbahnlinie München – Regensburg – Hof im Jahr 1863 brachte den lang ersehnten Aufschwung und den Beginn der Industrialisierung. Die Weidener hatten seit 1856 um diesen Anschluß gekämpft und den Bemühungen der Abgeordneten Gustav Schlör, Jakob Vierling und des Staatsrats Ritter von Herrmann war es zu verdanken, daß er schließlich erreicht wurde.

Die erste Fabrik Weidens war die 1868 gegründete Öltropfgerätefabrik des königlichen Maschinenmeisters Friedrich Wilhelm Schauwecker gegenüber dem Bahnhof, entstanden in unmittelbarem Zusammenhang mit der Eisenbahn, für die sie Ersatzteile herstellte. Später erfolgte eine Erweiterung zur Messinggießerei.

1881 folgte die Porzellanfabrik des jungen Chemiekaufmanns August Bauscher, damals noch in der eigenständigen Gemeinde Moosbürg, direkt an der Weidener Stadtgrenze.

Zehn Jahre später siedelte sich dort auch die Weidener Glasfabrik an, in der Tafel-, Salin- und Spiegelglas hergestellt wurde.

Nicht unerwähnt bleiben soll auch ein Unternehmen, das in unserer Zeit schon beinahe in Vergessenheit geraten ist, zu seiner Zeit aber hohes Ansehen genoß, die Schmalzlertabakfabrik Johann Prößl. Der Firmengründer erwarb 1882 die sogenannte Spinnmühle auf dem Grundstück, das heute die Adresse Bahnhofstraße 1 trägt, baute sie zu einer Schmalzlertabakfabrik um und nahm 1884 die Produktion

Schutzmarke der Schmalzlerfabrik

auf. Die gute Qualität des in Weiden hergestellten Tabaks wurde bald in ganz Bayern und über die Landesgrenzen hinaus bekannt und führte zu einem guten Absatz. Das Fabrikgelände mußte sogar mehrmals erweitert werden. Johann Prößl war von 1888 bis 1891 Bürgermeister. Nach seinem Tod im Jahr 1905 wurde die Fabrikation bald eingestellt, 1910 wurde die Fabrik an den Mechanikermeister Georg Zwack verkauft.

Den Charakter einer Eisenbahnerstadt erhielt Weiden endgültig durch die Königliche Zentralwerkstätte, die 1897 formell eröffnet wurde. Die Stadt hatte lange darum gekämpft, Standort der »IV. Centralwerkstätte« in Bayern zu werden, schon 1891 hatten Gemeindebevollmächtigte und Magistrat die Regierung darum ersucht. Man bot sogar an, den benötigten Baugrund kostenlos zu überlassen. Am 23. März 1892 fiel die Landtags-Entscheidung für Weiden. Die Weidener selbst schienen dem technischen Zeitalter noch nicht so offen gegenüber zu stehen, beschwert sich doch noch im Juli 1894 das Königlich Bayerische Oberbahnamt beim Stadtmagistrat darüber, daß das Areal der neuen Centralwerkstätte fortgesetzt als Viehweide benutzt werde. Die Bürger, die gewohnt waren, daß man sich untereinander kannte, betrachteten die »Bahnerer« anfangs auch noch mit großem Mißtrauen. Ihre Töchter ermahnten sie ernsthaft, sich von ihnen fernzuhalten. Erst nach einigen Jahren lernte man sie und ihr regelmäßiges Einkommen schätzen.

Ein weiterer Industriebetrieb, der sich im Gefolge der Eisenbahn ansiedelte, war die Firma des Unternehmers Christian Seltmann, der 1910 seine Porzellanfabrik in Weiden begründete und schon drei Jahre später 500 Beschäftigte hatte.

Am entscheidendsten war aber die Bahn wohl für das Unternehmen, das wie kein anderes mit dem Namen »Weiden« verbunden ist:

Weiden im Jahr 1898

Die Bezeichnung »Hinter der Mauer« erinnert noch an die mittelalterliche Stadtbefestigung, wie auch viele andere Straßennamen im Altstadtbereich: Hinterm Wall, Hinter der Schanz, Hinterm Zwinger. Sie verdeutlichen, wie vielseitig der äußere Schutz der Stadt beschaffen war.

Der Flurerturm ist der letzte Zeuge der alten Vorstadtmauer, die als äußere Stadtmauer die Stadterweiterung des 16. Jahrhunderts in den Mauerring einbezog. Einst hatte diese Mauer vier Tortürme und zwei Rundtürme. Während des Dreißigjährigen Krieges wurde sie 1634, als die Schweden die Stadt eroberten, geschleift.

Die Bahnhofstraße, geprägt von eleganten Villen und schönen Geschäftshäusern

Josef Witt verlegte sein Versandhaus 1913 von Reuth bei Erbendorf nach Weiden, weil der dortige Bahnhof die Fülle seiner Warensendungen nicht mehr hatte bewältigen können.

Auf die Einwohnerzahl wirkten sich Eisenbahn und frühe Industrie sehr positiv aus: hatte sie 1880 noch 4 900 betragen, so war sie im Jahr 1900 schon auf 9995 , im Jahr 1910 auf 14 419 angestiegen, in 30 Jahren hatte also eine Verdreifachung stattgefunden.

Neben der Industrie und der Eisenbahn durften aber Handel und Gewerbe nicht vergessen werden, so zumindest dachte der Oberstlandesgerichtsrat Albert Vierling. Im Jahr 1896 unterbreitete er dem Stadtmagistrat seinen Plan, in Weiden eine Gewerbemustersammlung einzurichten, den Grundstock dazu legte er mit einer Stiftung. Diese Sammlung sei ungemein notwendig, so argumentierte er, da Handwerk und Gewerbe nun, da die Stadt einen derartigen Aufschwung genommen habe, eigenständig ohne begleitende Landwirtschaft betrieben werden könnten, was bessere Verdienstmöglichkeiten bedeute, aber auch die Verpflichtung zu besonderer Mustergültigkeit. Die »Albert und Katharina Vierling'sche Stiftung zur Errichtung einer Sammlung von Mustern und Modellen für Gewerbe und Handwerk in der Stadt Weiden« bildete den Grundstock für das heute noch bestehende Stadtmuseum Weiden.

Die Maxstraße ist an der Stelle des ehemaligen Siechenweiherdammes entstanden.

Das Gesicht Weidens veränderte sich erheblich in dieser bewegten Zeit:

Im Stadtteil Scheibe entstanden typische Eisenbahn-Wohnhäuser aus rotem Klinker und im ersten Adreßbuch aus dem Jahr 1905 finden sich fast hinter allen Namen in diesem Viertel Berufsbezeichnungen, die auf eine Beschäftigung bei der Bahn hindeuten, wie zum Beispiel »kgl.Bahnexpeditor«, »kgl. Bahnadjunkt«, »ZW. (= Zentralwerkstätte) – Schreiner«, »Werkstättegehilfe« und ähnliches.

Alle dortigen Straßen, wie die Sonnen-, die Nikolai-, die Herrmann-, die Prinz-Ludwig-, die Kurfürsten-, die Moltke-, die Bismarckstraße entstanden um die Jahrhundertwende und ergänzten den alten Stadtkern und die früher entstandenen Straßen des ursprünglichen II. Bezirks, wie die Sedan-, die Max-, die Ringstraße und die Allee. Die andere Richtung, in die sich die Stadt von den Baulichkeiten her entwickelte, war zum Bahnhof hin. So erbaute schon 1864 Wolfgang Lorenz Hering gegenüber dem neuen Bahnhof den mächtigen »Bayerischen Hof«, Gasthof und Restauration, der 1905 so warb: »25 neu eingerichtete Fremdenzimmer, von 1 Mark aufwärts. Diners und Couverts 1.30 Mark aufwärts. ... Den Herren Geschäftsreisenden stehen für Fuhrwerke vorzügl. Stallungen zur Verfügung.« Gleich daneben befand sich die Fabrik von Friedrich

Andenken an die Grundsteinlegung der katholischen Stadtpfarrkirche St. Josef am 24. Juni 1899. Wie der Chronist berichtet, fand sie unter »italienischem Himmel«, das heißt bei herrlichem Wetter, und unter Beteiligung einer »unabsehbaren Volksmenge« statt.

Die »Villenkolonie« unterhalb der Johannisstraße dokumentiert das Wachstum der Stadt. Auch sie war und ist, wie vieles in Weiden, geprägt vom Jugendstil.

Wilhelm Schauwecker. Eine Lithographie von Professor Georg Krauß aus dem Jahr 1875 zeigt eine schon dichte Bebauung der Bahnhofstraße, meist handelt es sich dabei um Villen mit prächtigen Vorgärten. Auch der Siechenweiherdamm wurde zu einem Kristallisationspunkt neuer Ansiedlung. Der Siechenweiher hatte sich einst auf einem riesigen Areal von der Maxstraße bis weit in die Weiding hinein erstreckt und die Stadt mit reichem Fischfang versorgt. 1812 hatte man dann den Weiher trockengelegt, der sich aber bei Regenfällen und bei der Schneeschmelze immer wieder füllte, oft kam es auch zu gefährlichen Brüchen des Dammes. 1880 wurden die ersten Häuser am Damm erbaut. Als Regierungspräsident Max von Pracher im Jahr 1887 in Weiden weilte, besichtigte er die nur 4,93 Meter breite Siechendammbrücke am heutigen Josef-Witt-Platz, die den Weidenern schon lange ein Dorn im Auge war und auch das Mißfallen des hohen Herrn erregte. Der Staat erbaute daher schon im nächsten Jahr eine 11 Meter breite Brücke. Gleichzeitig wurde die Kurve der Bahnhofstraße erweitert. Die Stadt benannte zu Ehren des Regierungspräsidenten den Siechenweiherdamm in Maxstraße um und aus dem ehemaligen Weiherdamm, über den im Winter eisige Winde gefegt waren, wurde eine der beliebtesten Geschäfts-und Einkaufsstraßen der Stadt. Diese Namensgebung sollte übrigens Anlaß zu Mißverständnissen bieten: viele glaubten, dies sei zu Ehren von König Max II. Joseph geschehen und sogar das offizielle Adreßbuch der Stadt von 1926 hielt an diesem Irrtum fest.

Viele Bauten, die in den neuen Straßenzügen errichtet wurden, tragen die Stilmerkmale des Jugendstils und geben der Stadt, neben der historischen Altstadt, die von der Renaissance geprägt ist, etwas Unverwechselbares.

Nicht nur Wohnhäuser entstanden in dieser Zeit in diesem Stil: 1899 erfolgte der erste Spatenstich zum Bau der Josefskirche, ohne die man sich die Silhouette der Stadt gar nicht mehr vorstellen könnte. Das mächtige Gebäude – damals der größte Kirchenbau in der Diözese Regensburg seit dem Mittelalter – im neoromanischen Stil ist im Inneren ein Juwel des Jugendstils und damit einer der ganz seltenen kirchlichen Repräsentanten dieser Kunstepoche. Schon 1900 war der Bau , den der Münchner Architekt Johann Baptist Schott geplant hatte, vollendet. Die prächtige Ausgestaltung des Kirchenraumes wurde ebenfalls von einem Münchner entworfen: von dem Künstler Franz Hofstötter. Die Durchführung blieb aber weitgehend dem Weidener akademischen Maler und Bildhauer Wilhelm Vierling überlassen, dem die letztendliche Fertigstellung alleine oblag. Auf der neuen Orgel hielt der berühmte Komponist Max Reger im Jahre 1903 eine Orgelprobe ab, ebenso in der evangelisch-lutherischen Pfarrkirche St. Michael.

Im selben Jahr wurde auch das damalige Luitpold-Gymnasium erbaut, heute Augustinus-Gymnasium, als Ergänzung zur mehr

Innenansicht der ev.-luth. Stadtpfarrkirche St. Michael

naturwissenschaftlich orientierten Oberrealschule eine humanistische Bildungsanstalt.

Im Volksschulbereich war 1877 die katholische Knabenschule erbaut worden, 1882 die evangelische Clausnitzer-Schule und 1904/05 die Gerhardinger-Schule als katholische Mädchenschule, benannt nach der Gründerin des Ordens der Armen Schulschwestern von Unserer lieben Frau, von denen in Weiden zum größten Teil die Mädchenbildung übernommen worden war.

Wie diese Schulaufteilung zeigt, waren in Weiden beide Konfessionen vertreten, das Verhältnis stellte sich im Jahr 1900 folgendermaßen dar: 7292 Katholiken und 2525 Protestanten, was im Vergleich mit der Zeit davor für Weiden eher untypisch ist, da der Anteil der Protestanten traditionsgemäß mindestens die Hälfte betrug. Der Zuzug von Arbeitskräften aus dem ländlich gefärbten Umland ist wohl die Ursache für den überdurchschnittlichen Anstieg der katholischen Bevölkerung bis zur Jahrhundertwende. Die Weidener Kirchengeschichte war überaus wechselvoll: da die Stadt dem Gemeinschaftsamt Parkstein-Weiden angehörte, das je zur Hälfte von den pfälzischen, nach der Reformation protestantischen, und den bayerischen, den katholischen, Wittelsbachern regiert wurde, so wurde hier, nach diversen Streitigkeiten, im Jahr 1663 endgültig das Simultaneum,

Die Naab, die so romantisch wirken konnte, sorgte bis zur Waldnaabregulierung (ab 1937) immer wieder für verheerende Überschwemmungen.

Wo sich heute die Naabbrücke in der Friedrich-Ebert-Straße befindet, überspannten einst zwei Brücken die Waldnaab. Der Fluß war an dieser Stelle so tief, daß der Gasthof zur Waldnaab, die spätere Max-Reger-Gaststätte, ursprünglich Gasthof zum Wasserloch hieß. Links das damalige Amtsgerichtsgebäude.

sowohl im politischen als auch im kirchlichen Bereich eingeführt, das gleichberechtigte Miteinander der beiden Konfessionen. Dies ging so weit, daß in Weiden jedes städtische Amt doppelt besetzt wurde, sowohl mit katholischen als auch mit protestantischen Amtsträgern, von Bürgermeister und Rat bis hin zur städtischen Hebamme. Das Simultaneum im politischen Bereich dauerte an bis 1818, im kirchlichen Bereich sogar bis 1900. Dann wurde die gemeinsame Nutzung der Pfarrkirche St. Michael beendet, die Protestanten lösten die Rechte an diesem Gotteshaus mit 100.000 Mark ab und die Katholiken erbauten die St. Josefskirche.

Ganz so ideal waren die Verhältnisse aber doch nicht und ein derart friedliches Nebeneinander der beiden Konfessionen, wie wir es heute kennen, war damals in Weiden durchaus nicht an der Tagesordnung. Es gab kleine Sticheleien hin und her, die katholischen Hausfrauen putzten ihre Fenster am liebsten am Karfreitag, dem hohen Feiertag der Protestanten, und die Protestanten entwickelten am Fronleichnamstag unzählige Aktivitäten. Am Ende des 19. Jahrhunderts wurden kleine Bosheiten auch noch von den beiden Zeitungen geschürt: der Weidener Anzeiger vertrat das protestantische Lager, der Oberpfälzische Kurier war streng katholisch eingestellt.

In Weiden gibt es sogar heute noch eine Apotheke, die einen katholischen und einen evangelischen Eingang hat. Ihren Ursprung hat dies darin, daß es einst am Unteren Markt zwei Apotheken gab, die katholische Marienapotheke und die evangelische Mohrenapotheke, die nur vier Häuser voneinander entfernt waren. Wollte nun ein evangelischer Weidner zum katholischen Marienapotheker, so konnte dies der Mohrenapotheker sehen, wenn er vor seiner Tür stand. Daher ließ der gewitzte Marienapotheker um die Ecke, zur Fleischgasse hin, eine zweite Tür herausbrechen, durch welche »abtrünnige« Kunden ungesehen passieren konnten.

Regiert wurde die Stadt Weiden von einem neunköpfigen Magistrat an dessen Spitze bis zu seinem Tod im Jahr 1911 Bürgermeister August Prechtl stand. Er hatte diese Position ab 1891 ehrenamtlich inne, im Jahr 1900 wurde er dann zum ersten hauptamtlichen Bürgermeister der Stadt gewählt. Schon seit dem Jahr 1896 kämpfte er, zusammen mit Magistrat und Gemeindekollegium, um die Unmittelbarkeit Weidens, das heißt um deren Kreisfreiheit und die Unabhängigkeit vom Bezirksamt Neustadt/Waldnaab, dem die Stadt damals, zu ihrem großen Leidwesen, noch unterstellt war. Dieser Kampf sollte allerdings erst unter seinem Nachfolger Georg Knorr beendet werden, der zum 1. 1. 1919 endgültig die Unmittelbarkeit durchsetzte. Seitdem ist Weiden kreisfrei.

August Prechtl, Rechtsanwalt, Bürgermeister der Stadt Weiden von 1891 bis zu seinem Tod im Jahr 1911

Eine der Hauptaufgaben des Magistrats in dieser Zeit war, natürlich neben der Verwaltung der Stadt und ihrer Finanzen, die Genehmigung von Bürgerrecht, Ansässigmachungen und Verehelichungen. Voraussetzungen für die Erteilung derartiger Genehmigungen waren

Georg Knorr, Bürgermeister der Stadt Weiden von 1911–1919

Grund- oder Hausbesitz, ein guter Leumund und der Nachweis einer annehmbaren Beschäftigung. Man wollte sicher gehen, daß Bürger der Stadt sich auch wirklich selbst versorgen könnten und nicht dem Stadtsäckel zur Last fallen würden.

Mit dem wirtschaftlichen Wachstum der Stadt hielt auch die technische Entwicklung Schritt: schon 1883 errichtetete die Stadt eine »Oelgasbereitungsanstalt«, die nur Leuchtgas erzeugte und die zunächst 120 Laternen im Stadtgebiet betrieb. Allerdings reichte diese Anlage nach dem Bau der Königlichen Centralwerkstätte im Jahr 1896 nicht mehr aus, umso mehr als verstärkt auch ein Bedarf an Nutzgas spürbar wurde. Daher erbaute man 1901/02 ein neues Steinkohlegaswerk, ebenfalls auf dem Gelände im Lerchenfeld, das, nur vier Jahre später, schon wieder erweitert werden mußte, wobei die Jahresproduktion von 250.000 Kubikmeter Gas auf 500.000 angehoben wurde. Im Jahr 1910 belief sich der Gesamtverbrauch an Gas in der Stadt auf 421.000 Kubikmeter, die Zahl der Laternen war inzwischen auf 205 gestiegen. 1913 wurde erneut ausgebaut, wiederum verdoppelte sich die Jahresproduktion, nun auf eine Million Kubikmeter.

Eine große Konkurrenz erwuchs dem Gaswerk durch die schrittweise Einführung der Elektrizität in Weiden. Der Müller Josef Dostler baute 1890 ein Elektrizitätswerk in seine Leihstadtmühle ein, das erste in der nördlichen Oberpfalz. Zunächst wurde der Strom im eigenen Betrieb genutzt, denn außer einer Landwirtschaft betrieb Dostler auch noch ein Sägewerk. Gleichzeitig baute er aber auch die erste Fernleitung in die nahegelegene Gaststätte Schätzler, in der er 1890 seinen Einstand als erster Stromproduzent, verbunden mit einer »Lichtfeier«, gab. Auch die Unternehmer, die sich im benachbarten Moosbürg angesiedelt hatten, verfolgten Dostlers Bemühungen mit Interesse. Die Gebrüder Bauscher schlossen als erste mit ihm einen Vertrag und ab 1894 wurde ihre Porzellanfabrik mit Dostlerschem Strom versorgt. Auch die Tafel-, Salin- und Spiegelglasfabrik der Brüder Aloys und Eduard Kupfer wurde 1898 an das Stromnetz aus der Leihstadtmühle angeschlossen, ebenso die Messinggießerei Schauwecker. Die Nachfrage nach elektrischem Strom war so groß, daß Josef Dostler, der alle Arbeiten mit nur einem Gehilfen allein ausführte, 1912 eine zweite Turbine in sein Kraftwerk einbauen mußte.

Schon 1904 hatte in der Stadt Weiden selbst Kommerzienrat Trinklein ein E-Werk mit Dampfkraft in der heutigen Albrecht-Dürer-Straße erbaut und im selben Jahr gründeten 19 Handwerksbetriebe eine »Kraftgenossenschaft« und hofften, dadurch der Industrie gegenüber konkurrenzfähiger zu sein. Der Magistrat erlaubte die Verwendung des Stroms aber nur als Kraftquelle, um die Monopolstellung des Gaswerks bei der Versorgung mit Licht nicht zu gefährden. 1905 traten neben die Genossenschaft die »Naabwerke für Licht- und Kraftversorgung GmbH«, denen sich zehn Genossenschaften mit 32 Orten anschlossen. Damit war die erste überregionale Elektrifizierung im ostbayerischen Gebiet geschaffen. Bezeichnend ist, daß dies gerade im Raum von Weiden geschah, beweist dies doch den schon ausgeprägten industriellen Charakter der Stadt.

Noch wichtiger als die Versorgung mit Gas und Strom war die Versorgung mit Wasser. Schon 1862 und 1866 hatte man die Errichtung einer Wasserleitung geplant, scheiterte aber an den Kosten. Daher konnte erst 1895 von der Stadt eine Wasserleitung gebaut werden, Kosten: 450.880 Mark 72 Pfennige, das Wasserwerk dazu entstand 1896 am Orthegelmühlbach, heute »Am langen Steg«. Damit war nun endlich eine Versorgung mit einwandfreiem Wasser gewährleistet, denn zeitgenössische Quellen berichten von starken Verunreinigungen der öffentlichen Brunnen durch Abwässer und Fäkalien der Haushalte. Wie ein Gutachten für 1898 zeigt, wurden 270.160 m^3 Wasser gefördert, davon gingen 58.112 m^3 an Private, 91.167 m^3 an das Oberbahnamt, 40.389 m^3 an die Centralwerkstätte und 75.505 m^3 verbrauchte die Stadt selber für Feuerwehrübungen, »Gassen sprengen« und die städtischen Einrichtungen.

Die Bereitschaft der Bürger, sich an die Wasserversorgung anschließen zu lassen, war sehr groß, umso mehr, als 1899 neun öffentliche Brunnen und das Wasser der Wasserleitung vergleichend untersucht wurden. Ein einziger Brunnen lieferte brauchbares Wasser, drei schlechtes und fünf »zum menschlichen Genusse untaugliches«. Das Wasser aus der Wasserleitung wurde als »von vorzüglicher Beschaffenheit und ohne jegliche Trübung, daher als sehr gutes Trinkwasser« eingestuft. Es ist sogar zu beobachten, daß zunächst gar nicht alle Anschlußwünsche befriedigt werden konnten, wie verschiedene Bittschriften belegen. Von 1904 bis 1910 stieg die Zahl der angeschlossenen Haushaltungen von 557 auf 787, im Jahr 1913 waren von 1065 bewohnten Gebäuden 855 mit der städtischen Wasserleitung verbunden.

Ebenfalls Bedürfnisse hygienischer Art machten den Neubau eines Schlachthofes nötig, der 1906 an der Neustädter Straße vollendet wurde. Vorher hatte er sich direkt am Stadtmühlbach Hinterm Wall befunden und die Abfälle waren diesem Gewässer anvertraut worden, was natürlich für die Anwohner nicht gerade angenehm war. Schon 1907 wurden im Neubau 13.207 Schlachtungen durchgeführt.

Technisch waren die Weidener auf dem neuesten Stand: bereits 1866 waren sie an das Telegraphennetz angeschlossen worden und 1897 entstand die erste Telephonanlage in der Stadtpost, die damals im Vesten Haus untergebracht war. 1903 gab es 31.420 vermittelte Gespräche im Ortsverkehr, 3238 Telegramme, 420 Bezirksverkehrsgespräche und 5196 einzeltaxpflichtige Gespräche im inneren bayerischen Fernverkehr.

Eine Versorgungsinstitution ganz anderer Art, die auch am Ende des 19. Jahrhunderts entstand, war das Krankenhaus. Am 16. Dezem-

Die Bezeichnung »Ringstraße 2« trug einst die prächtige Villa von Dr. Eduard Reinhard, dem Kranken- und Bahnarzt. Er entstammte einer bedeutenden Kaufmanns- und Handelsfamilie.

ber 1887 beschloß der Stadtmagistrat den Neubau eines Krankenhauses an der damaligen Neustädter, heute Gabelsberger, Straße. Am 20. November 1889 ist das Haus mit zunächst sechs Betten vollendet, die Krankenpflege wird von zwei Mallersdorfer Schwestern und einer Dienstmagd übernommen, die auch alle häuslichen Arbeiten mit bewältigen müssen. Erster Chefarzt wurde Dr. Eduard Reinhard, der mit eine der treibenden Kräfte für ein neues Krankenhaus gewesen war. 1901 wurde er von seinem Sohn Dr. Friedrich Christian Eduard Reinhard abgelöst.

Der Bevölkerungsanstieg der Stadt machte 1895 eine Erweiterung um acht Betten notwendig. Schon 1899 machte man Pläne zu einem Erweiterungsbau. Am 7. Oktober 1911 wurde ein neuer Bau mit 52 Betten bezogen, die Kosten betrugen 235.000 Goldmark. In den Altbau verlegte man nun die Insassen des Armenhauses und des Lazaretts.

Im Januar 1912 übernahm Dr. Ernst Stark aus Regensburg die Leitung des Krankenhauses. Ihm standen sieben Mallersdorfer Schwestern zur Seite, eine Oberin, vier Pflegeschwestern, eine Küchen- und eine Haushaltsschwester. An weiterem Personal waren ein Hausmeister, zwei Dienstmädchen und eine Wäscherin beschäftigt.

Bei Kriegsbeginn 1914 wurden statt der 52 Betten 108 aufgestellt, von denen 90 als Lazarett dienen sollten.

Der erste Weltkrieg sollte in Weiden 414 Gefallene und 39 Vermißte fordern.

Weiden und die Eisenbahn

Schon 1856 brachte der spätere bayerische Handelsminister Gustav Schlör den Gedanken des Eisenbahnbaus in der Oberpfalz in einer Rede vor der Kammer der Abgeordneten zum Durchbruch. Mit königlicher Genehmigung wurde im selben Jahr die Ostbahngesellschaft gegründet, deren erster Direktor Schlör wurde. Er und sein Schwager, der Weidener Marienapotheker Jakob Vierling, der ebenfalls Abgeordneter war, propagierten heftig eine Streckenführung Schwandorf – Weiden – Bayreuth.

Handelsminister Gustav von Schlör (1820–1883)

Auch der Stadtmagistrat wandte sich mit einer Bittschrift an den König, um die Anbindung Weidens an das Eisenbahnnetz zu erreichen. Am 20. Januar 1861 wurde vom Ministerium der Bahnbau Schwandorf – Weiden – Bayreuth genehmigt, die Durchführung sollte in den Händen der Ostbahngesellschaft liegen.

Im November 1861 wurden die Abgeordneten Schlör und Vierling in Weiden durch einen Festakt mit Fackelzug geehrt.

Heftige Diskussionen gab es in der Stadt um den Standort des Bahnhofs, die Frage war: Moosbürg oder Scheibe?

Der Magistrat favorisierte die Scheibe, wegen der größeren Nähe zur Stadt und den Behörden und der günstigen Lage an der Straße nach Pressath, nach Neustadt, nach Floß, nach Vohenstrauß und in das Torflager Mooslohe.

Die königliche Regierung und die Direktion der Ostbahnen aber bestanden auf dem heutigen Standort, da nur dort eine Anschlußstation entstehen konnte. Der Standort Scheibe hätte bedeutet, daß eine Kopfstation entstanden wäre, das heißt, alle Züge von Schwandorf nach Bayreuth hätten wieder zurückgefahren werden müssen.

Am 3. Januar 1862 unterschrieb König Maximilian II. die Genehmigung für den Bau der Linien Schwandorf – Weiden – Bayreuth und Weiden – Eger. Im Herbst 1862 begannen in Weiden die Grundabtretungen für den Eisenbahnbau.

Im Juli 1863 wurde der Bahnhof in Weiden fertiggestellt und am 1. Oktober dieses Jahres fuhr der erste Personenzug auf der Linie Irrenlohe – Weiden ein. Am 1. Dezember 1863 wurde die Linie Weiden – Bayreuth ihrer Bestimmung übergeben. 1863/64 wurden in Weiden bereits 25 020 Fahrkarten verkauft, dazu 339 Hundekarten. In Zusammenhang mit dem Anschluß Weidens an das Eisenbahnnetz steht auch die Entstehung des Eisenbahnausbesserungswerks.

Im Jahr 1891 richtete der Magistrat, der von dem Plan, eine Zentralwerkstätte im Norden Bayerns zu errichten, erfahren hatte, ein Gesuch an das Staatsministerium, eine solche Werkstätte in Weiden anzusiedeln. Die Standort-Frage wurde zu einem heftig geführten Wettbewerb zwischen Bayreuth und Weiden, wobei Bayreuth zunächst favorisiert wurde. Aber schließlich siegte Weiden durch ungeheures Engagement und wirtschaftliche und verkehrspolitische Vorteile: die Gemeindekollegien nahmen 1891 eine Anleihe von 300.000 Mark für den Bau der Zentralwerkstätte und von Arbeiterwohnungen auf und stellten gleichzeitig 25 Hektar Grund unentgeltlich zur Verfügung. Am 23. März 1892 fiel die Entscheidung für Weiden, am 20. Dezember wurde die »Obere Scheibe« als Bauplatz ausgewählt. Die Eisenbahn veränderte nicht nur die wirtschaftliche Situation Weidens, sondern auch das Gesicht der Stadt.

Folgende Denkschrift verfaßten Magistrat, Gemeindebevollmächtige und Handels- und Gewerberat der Stadt Weiden im Februar 1860 um die Regierung in München zu einem Anschluß der Stadt und der Region an das Eisenbahnnetz zu bewegen:

Zur Oberpfälzischen Eisenbahnfrage

Bayern hat bis heute bei Anlegung der Eisenbahnen seine 8 Regierungsbezirke in einer Weise bedacht, daß nicht allein jeder Kreis in seiner größten Länge durch eine Bahn durchschnitten wird, sondern daß außerdem in jedem Kreise von der Hauptlinie mehrere Nebenlinien bereits abgehen, oder im Bau begriffen sind oder endlich im Projekte vorliegen.

Nur allein in der Oberpfalz ist dieß nicht der Fall.

Diese Provinz ist nur mit einer ganz kurzen Bahnstrecke von Sulzbach über Amberg nach Regensburg und von Schwandorf nach Furt an dem Bahnnetze beteiligt, während der ganze nördliche Theil des Kreises, gerade der industriellste, beim Entwurf des bayerischen Bahnnetzes leer ausging. ...

Der Reichthum der Oberpfalz, der in seinen Bergwerken, Hochöfen, Hammerwerken, in seinen Tuchmanufakturen und Webereien bestand, ist durch die Ungunst der Schicksale, die diese Provinz zu erleben hatte, leider schon lange verloren gegangen. Die hermetisch verschlossene Gränze nach Böhmen, die zum größten Theil durch ein unwirthschaftliches Waldgebirge gebildet wird, der vollkommen aufgehobene Verkehr zwischen der bayerischen Oberpfalz und dem Nachbarlande trägt unendlich viel zu den gegenwärtigen Stillstand der Industrie in unseren Gegenden bei.

Aber dennoch sind die Keime derselben noch da, und bedürfen nur der hebenden, fördernden Elemente um sich auf's Neue kräftig zu entwickeln ...

Nicht minder zu erwähnen dürfte die bedeutende Viehmast und Viehzucht von den Sechsämtern angefangen bis hinab nach Weiden sein, der Futterreichthum, zumal des Waldnaabthals, der ansehnliche Handel nicht bloß Weidens, sondern auch des so sehr betriebsamen Marktes Floß und der gesammte nicht unansehnliche Gewerbsstand der zahlreichen größeren Orte welche eine solche Bahn berühren würde, als da sind: Nabburg, Weiden, Neustadt, Pfreimdt, Windischeschenbach, Neuhaus, Luhe, Wernberg. Das alles sind Momente, die geeignet sind, der Eisenbahn Vortheil und Verkehr zu schaffen, es sind Keime, die durch eine Eisenbahn neue Lebenskraft schöpfen, und einem bisher dem Verkehr vollständig entzogenen Landstrich neue Wohlhabenheit zuwenden können. ... Bei dem gegenwärtigen Stand der Wissenschaft ist fast jede Schwierigkeit in der Anlage einer Eisenbahn zu überwinden. Wir glauben aber, daß an vielen Stellen die Anlegung der Staatsbahn und selbst ein Theil der Ostbahn weit schwieriger war, als der Bau der von uns vorgeschlagenen Bahnrichtung sich erweisen wird. Mögen daher diejenigen Männer, in deren Händen die Ausführung einer weiteren Bahn durch die Oberpfalz und einer Zweigbahn der Ostbahnen liegt, von dem Bestreben erfüllt sein, das wahre Wohl des Landes zu fördern, dann sind wir gewiß, daß diese Bahnen, die wir in den vorstehenden Zeilen vertreten und keine anderen gebaut werden wird.

Vorstehendes Projekt haben sich der Magistrat und die Gemeindebevollmächtigten in Verbindung mit dem Handels- und Gewerberath der Stadt Weiden angeeignet und glauben in der Bevorwortung desselben und seiner Motive das Wohl des Landes, ihrer Provinz und ihrer Stadt gewahrt zu haben.

Indem diese Darlegung der Öffentlichkeit übergeben wird, ergeht an alle diejenigen, welche irgendein Interesse an der von uns vorgeschlagenen Bahnrichtung haben, an alle die, welchen das Wohl unserer Provinz am Herzen liegt, und an Alle, welche die Richtigkeit des Gesagten anerkennen, die dringende Bitte, Alles aufzubieten, durch vereintes Wirken und Hintansetzung aller kleinlichen Seperatinteressen mit uns das Ziel zu erreichen, welches allein das Wohl oder Weh des größten Theiles der Oberpfalz entscheidet. Weiden, im Februar 1860. *(Denkschrift, gedruckt von Philipp Madler in Weiden im Jahr 1860, Stadtarchiv Weiden, Bestand Sachen: Eisenbahn).*

Schon 1856 hatten sich Bürgermeister und Rat mit ebendieser Bitte an den König selbst gewandt:

Euer Kgl. Majestät haben durch Genehmigung derjenigen Bahn, welche Böhmen mit der Oberpfalz verbindet, dieser Provinz eine Zukunft eröffnet, die zu den schönsten und stolzesten Hoffnungen berechtigt. Da, wie verlautet, bis jetzt die Richtung dieser Bahn definitiv noch nicht feststeht, so wagen es die gehorsamst Unterzeichneten als Vertreter der Stadt Weiden, in dieser Vorstellung diejenigen Wünsche und Bitten vor Euer Kgl. Majestät Thron niederlegen zu dürfen, deren Gewährung allein das Gedeihen und die fortdauernde Blüte dieser Stadt bedingen kann. ... Die Entfernung der Eisenbahn von Weiden vernichtet den Weidner Handel und die dortigen Unternehmungen vollständig, sie schleudert unsere Stadt auf das Niveau eines Ökonomiestädtchens herab. Unsere Erwerbsquellen werden versiegen und unsere ganze Zukunft ist verloren. *(Bittschrift des Stadtmagistrats Weiden vom 6. Oktober 1856, Stadtarchiv Weiden, A II 2510).*

Um den Standort des Bahnhofs entbrannte innerhalb der Weidener Bevölkerung ein heißer Streit, der sich vor allem in Leserbriefen im Amtsblatt für das Bezirksgericht Weiden niederschlug:

Weiden, den 21. März 1861.
Weiden hat sich in den letzten 2 Dezenien wirklich sehr gehoben. In diesem Zeitraume fallen die Errichtung des k. Landgerichts, Bauamts, Bezirksgerichts, die Verschönerung der Stadt in Hinsicht auf Kanalisierung und Pflasterung der Strassen, Renovierung der Wohnungen im Innern und Aeußern,

Ehrenbürgerrechts-Urkunde.
Sr. Excellenz, dem k. Staatsrathe Herrn
Gustav von Schloer
auf Plankenhamer
ist in Anerkeñung der vielen Verdienste
zum Wohle der Gemeinde gemäß
Art. 24. der Gemeinde-Ordng. durch ein-
stim̄ige Beschlüsse des Magistrates
u. der Gemeindebevollmächtigten das
Ehrenbürgerrecht der Stadt Weiden
ertheilt worden, worüber gegenwärtige
Urkunde ausfertigen
Stadtmagistrat u. Gemeinde-
Collegium Weiden
am 24. März 1878.

Am 24. März 1878 verliehen die dankbaren Weidener Gustav von Schlör die Ehrenbürgerwürde. Aus diesem Anlaß überreichten sie ihm eine kunstvoll gestaltete Urkunde, die als Aquarell ausgeführt ist. Der Entwurf stammte von Friedrich Dammer, später Oberlandesgerichtsrat in Nürnberg, die Ausführung übernahm Professor Georg Krauß, Lithograph und Realschullehrer in Weiden. Sie gehörten zum Freundeskreis von Gustav von Schlör.

etc. Zu all diesem soll nun auch eine Eisenbahn kommen, welche uns mit Wunschesschnelle nach allen Himmelsgegenden bringen wird, wenn wir nämlich nicht vorziehen, in unserm gemüthlichen Heimathsort zu bleiben. *(Amtsblatt für das königl. Bezirksgericht Weiden, ... 1861, S. 99)*

Muß er, oder muß er nicht ?
So ist es nun denn unwiderruflich beschlossen – der Bahnhof kommt nicht in die Scheibenfelder; nein! er muß hinaus nach Moosbürg. Die Mittel reichen nicht aus – so sagt man – eine Strasse herzustellen, um ihn näher an der Stadt zu erhalten, und dann macht es schon zu viele Umstände. 's ist so auch gut. E bien ! Ich gratuliere den Herrn Aerzten und Apothekern, den Postboten und Gerichtsdienern; ich bewundere die rührende Pietät mit der man den Lärm des Bahnhofes mit der Stille des nahen Friedhofes in Berührung bringen wird. Und wenn es auch mich fröstelt, sobald ich an gewisse stürmische Wintertage denke und an die Zugluft, der man oft sogar im Sommer beim Spaziergange über den Siechenweiherdamm ausgesetzt ist, so werden wenigstens Aerzte und Apotheker ein angenehmeres Gefühl dabei haben. Denn Katarrh und Schnupfen werden Modekrankheit in Weiden und der Fliederthee um das doppelte theuerer werden. Die Rheumatischen werden verzweifeln und der Flanell im Preise steigen; die Bader aber werden in's Fäustchen lachen und sich neue Schröpfköpfe anschaffen. Glückliche Post- und Gerichtsboten. Ihr werdet dann nicht mehr Gefahr laufen, vom vielen Sitzen das Zipperlein zu kriegen – man macht euch die gesunde Motion täglich 2 bis 3 mal zur besseren Verdauung auf den Bahnhof und wieder zurückzulaufen, wobei euch Gelegenheit geboten ist, Angesichts des Friedhofs Reu und Leid zu machen und die Eitelkeit der Welt zu betrachten. O, man ist sehr religiös in Weiden! Man weiß da das Angenehme mit dem Nützlichen zu verbinden und hat deshalb auch sehr sinnig als besuchtesten Vergnügungs-Ort einen Sommergarten in nächster Nähe des Gottesackers gewählt, um in Erholungsstunden ein ernstes Memento mori vor Augen zu haben. Drum, muß der Bahnhof nach Moosbürg oder muß er nicht? Ja, er muß, weil man es auf der einen Seite nicht anders mag und darum auf der andern Seite auch nicht anders kann. *(Amtsblatt für das königl. Bezirksgerichts Weiden ..., 1861, S. 223/224)*

Bayerische Ostbahnen.
(Die Eröffnung des Betriebes auf der Bahnstrecke Schwandorf-Weiden betreffend)
Am 1. Oktober d.Jh. wird die Bahnstrecke von Schwandorf resp. von Irrenlohe dem allgemeinen Verkehre übergeben.

Diese Bahnstrecke enthält die Stationen: Schwarzenfeld, Nabburg, Pfreimd, Wernberg, Luhe und Weiden; auf der Station Pfreimt findet bis auf Weiteres blos die Aufnahme von Personen und Reisegepäck statt, auf allen übrigen Stationen ist jedoch Personen-Reisegepäck und Güterabfertigung eingerichtet. Der Fahrtenplan wird gesondert veröffentlicht. *(Amtsblatt für das königl. Bezirksgericht Weiden, 1863, Beilage zu Nr. 76, S. 343)*

Die erste Sonderfahrt vom Weidener Bahnhof aus ging, wie könnte es anders sein, am 3. Oktober 1863 zum Oktoberfest nach München.

Der Weidener Bahnhof 1902

Die Eisenbahn in der Oberpfalz war ein so begeisterndes Thema, daß sie sogar Dichter inspirierte:

Zur Feier der Eröffnung der Schwandorf- Weiden- und Bayreuther-Bahn am 30. November 1863

Was mag den Jubel wohl entflammen,
Der eine neue Bahn begrüßt?
Wird er der Neuheit nur entstammen,
Die stets das Alte gern vermißt?
Was sagen alle die Gesänge -
Was deutet uns das Festgepränge?

Es ist der Riesenschritt der Zeiten,
Und, der im Fluge sich erhebt,
Des Geistes kühnes Vorwärtsschreiten,
Was diesen Jubel rings belebt; –
Die Völker kommen sich entgegen
In Kunst und Fleiß auf Flugeswegen.

Von Ost und West, von Süd und Norden,
Selbst auch vom fernsten kalten Pol,
Sind näher sich die Völker worden;
Zu Glück und Heil, in Weh und Wohl
Umschließet, wie mit Einem Bande,
Der Bahnen Gürtel alle Lande!

Drum sei gegrüßet und willkommen,
Du Dampf-getriebenes Gespann!
In Freude sei dein Nahn'n vernommen;
In Heil befahre deine Bahn!
Und unsere Grüße magst du spenden,
Wohin du deinen Flug wirst wenden!

Doch – soll die reinste Saite schweigen
In dieser Freudenharmonie?
Soll sich im tiefsten Dank nicht neigen
Das Herz heut Dem, der sie verlieh?
Es wird stets Treu' dem König hegen
Des Nordgau's Volk und Fleh'n um Segen.

Führwahr, kein Fürst kann mehr gewinnen
Des treuen Volkes ganzes Herz,
Als Er, Des ächtes Deutsches Sinnen
So ganz empfunden Deutschlands Schmerz;
Der Vater, Dessen höchstes Streben
Stets ist, für Bayerns Wohl zu leben!

A. Bernhard

(Amtsblatt für das Königl. Bezirksgericht Weiden ..., 1863, S. 431)

Oberstlandesgerichtsrat Albert Vierling, (1836–1920), Sohn des Abgeordneten Jakob Vierling und Neffe von Gustav von Schlör, veröffentlichte 1878 seine »Erinnerungen aus der Oberpfalz«. Sie enthalten auch einen Aufsatz, überschrieben »Schwandorf – Weiden«, den das Morgenblatt der Bayerischen Zeitung am 9. November 1864 abgedruckt hatte. Albert Vierling hatte ihn zur Feier der Eröffnung der Bahnlinie Schwandorf – Weiden verfaßt. Darin finden sich folgende Zeilen:

»Einsteigen! Schwandorf – Weiden!« tönt es jetzt im Schwandorfer Bahnhofe, und dieser Ruf macht mich äußerst froh. Du, lieber Reisender, dagegen zuckst die Achseln und glaubst mir kaum, wenn ich dir versichere, daß diese neue Strecke zu den hübscheren Bahnlinien überhaupt gehört. ...

Hast du das nächste große Dorf Rothenstadt erreicht, so folgt nun im bunten Wechsel Dorf auf Dorf, sämmtlich um das fruchtbare Nabthal gelegen: Ullersricht, dann die mit Torfgas getriebene Glasfabrik Neubau und Moosbürg, über der Nab drüben Pirk und Schirmitz, links von der Bahn Ermersricht und Neukirchen. Der Parkstein mit seinem Kirchlein wie ein Gemsbock auf dem Rücken grüßt freundlich auf dich herüber, Weiden aber, das betriebsame Städtchen, liegt vor Dir im Grün seiner »Nabwiesen«. *(Albert Vierling, Erinnerungen aus der Oberpfalz, Weiden 1878)*

In einer Akte des Stadtarchivs Weiden haben sich Unterlagen zu den Bemühungen der Stadt um die Zentralwerkstätte erhalten und ein Beamter interessierte sich auch, wohl mit einer gewissen Schadenfreude, für die Reaktionen der Konkurrenten. Sorgfältig aufgeklebt und beschriftet hat sich so der folgende Zeitungsausschnitt erhalten:

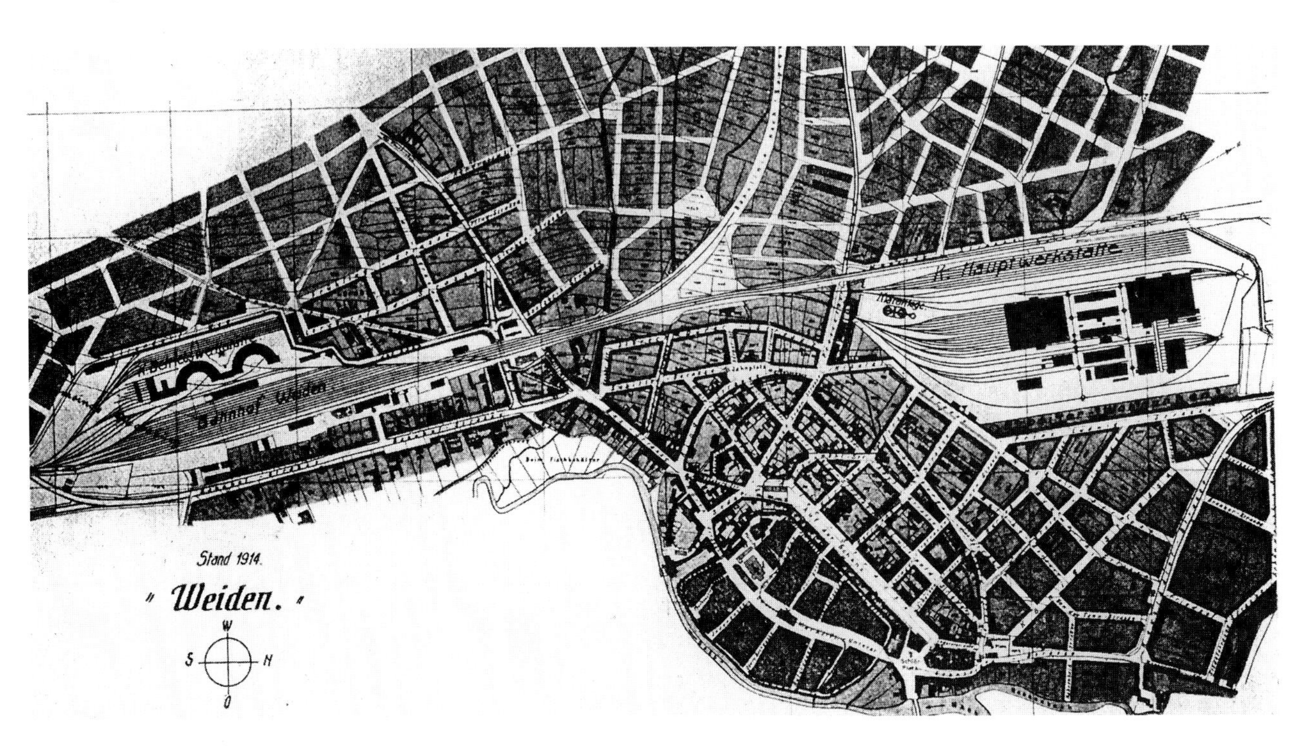

Lageplan der königlichen Zentralwerkstätte im Jahr 1914

Die Beamtenhäuser der Zentralwerkstätte an der Christian-Seltmann-Straße

Hof, 29. Jan. Wie der »Hofer Anzeiger« gestern ziemlich kleinlaut berichtet, ist die in Sachen der Errichtung einer vierten Centralwerkstätte nach München entsandte Deputation mit dem Bescheide heimgekommen, die Vorlage sei für Weiden von langer Hand vorbereitet. Den Abgeordneten wird der Etat lange vor der Berathung zugestellt. Da gilt es denn, alles eingehend zu durchstöbern und so hätte man unseres Erachtens auch die fragliche Position finden müssen und ebenso von langer Hand für Hof agitiren können. Die nächste Information bei den Ingenieuren hätte dann vor Allem durch die Platzfrage die Möglichkeit oder Nutzlosigkeit der Verwendung für Hof dargethan. Und dann, was nützen uns die Zeitungsartikel in dieser Sache, die wir in unserm Bezirke lesen, eine solche Petition muß sämmtlichen Landtagsabgeordneten vervielfältigt unterbreitet werden, sonst nützen alle Deputationen nichts und Hof bleibt immer hinten dran, weil man anderwärts früher aufgestanden ist. In Weiden wird man sich freuen und Herr von Lindenfels wird die Förderung der nöthigen Arbeiterwohnungen sicher gerne in die Hand nehmen, er hat ja das Zeug dazu. Gottes Segen bei – der Palatia. *(Aus: Hofer Tagblatt vom 30. Januar 1892, Stadtarchiv Weiden, A II 2523).*

In der selben Akte liegt auch folgendes Telegramm:

Herrn Bürgermeister Weiden.
Werkstätte in der Scheiben vom Ministerium genehmigt. Gratuliere. Herrmann. *(Telegramm aus München vom 23.3.1892, Stadtarchiv Weiden, A II 2523)*

Die Stadtgemeinde Weiden macht sich verbindlich, dem k. Eisenbahnärare den gesammten für die Anlage der IV. Centralwerkstätte in Weiden und deren Zugehörungen sowie der hierdurch veranlaßten Strassen- und Bachcorrectionen benötigten Grund und Boden kosten- und lastenfrei als Eigentum zu überweisen, ... *(Übereinkommen vom 10. Juni 1893, Stadtarchiv Weiden, A II 2523)*

Das »Eisenbahnärar« erbaute für die Arbeiter der Zentralwerkstätte zahlreiche Wohnhäuser, die heute noch das Stadtbild prägen. Daneben bauten sich viele aber auch, zum Teil mit erheblicher Eigenleistung und Mithilfe von ihren Frauen und Kindern, eigene kleine Häuser, wie sich aus den Adreßbüchern dieser Zeit nachweisen läßt. Rund um die Zentralwerkstätte tauchen Heizer, Bremser, Wagenwärter, Werkstättegehilfen, Zentralwerkstätte-Arbeiter als Hausbesitzer auf.

Weiden, 24. September. Wie uns mitgetheilt wird, sollen kommendes Frühjahr weitere Arbeitswohnhäuser für die k. Centralwerkstätte gebaut werden und zwar werden dieselben besserer Ausnützung des Platzes halber wahrscheinlich zweistöckig gebaut werden. Die nöthigen Vorarbeiten sollen bereits im Gange sein. *(aus: Weidener Anzeiger vom 25.9.1897)*

Die Belegschaft der Abteilung D der Kgl. Zentralwerkstätte im Juni 1901

Weiden und seine Industrie – Am Bahnhof stand die erste Fabrik

Die erste Fabrik in Weiden, deren Gründung in unmittelbaren Zusammenhang mit der Eisenbahn stand, war die Metallgießerei Friedrich Schauwecker, die 1868 den Betrieb aufnahm und sich später in »Maschinenfabrik« umbenannte.

Ungleich bedeutender aber sollte die Entscheidung von August Bauscher werden, seine Firma in unmittelbarer Nähe des Weidener Bahnhofs anzusiedeln. Er hatte 1880 seine Teilhaberschaft an der Tirschenreuther Porzellanfabrik Muther und Tittl verkauft und sich dabei verpflichtet, ein eigenes Unternehmen nicht in einem Raum anzusiedeln, der im Süden genau bis zur Stadt Weiden reichte. Weiden erschien ihm aber wegen der Möglichkeit des direkten Gleisanschlusses und der Nähe von Rohmaterialien, wie Kaolin im Mantler Forst, sehr attraktiv. Daher erbaute er seine Fabrik in der Nachbargemeinde Moosbürg, eine Mauer stand unmittelbar auf der Weidener Stadtgrenze. Er begann 1881 mit einer Belegschaft von 70 Beschäftigten auf einer Arbeitsfläche von 2000 Quadratmetern, 1900 betrug die Arbeitsfläche schon 16.000 Quadratmeter, die Zahl der Beschäftigten hatte sich auf 294 erhöht. Hotelporzellan der Firma Bauscher ging in alle Welt.

Im Jahr 1890 erhielten die Gebrüder Schulz die baupolizeiliche Genehmigung zur Errichtung einer Glasfabrik zur Herstellung von Fensterglas in Moosbürg, 1891 begann die Produktion, wobei an acht Hafen gearbeitet wurde. 1892 sind die Glasfabrikanten Eduard und Aloys Kupfer im Besitz der Glasfabrik Weiden, die sie 1893 erweitern. 1910 wurde die Spiegelglasfabrikation eingestellt und der bisherige Hafenofenbetrieb auf Wannenbetrieb umgestellt. Zum 1. Januar 1914 wurde die Gemeinde Moosbürg aufgelöst und zur Stadt Weiden eingemeindet, damit befanden sich Bauscher und die Glasfabrik nun innerhalb des Stadtgebiets.

Auch noch ein anderer junger, begabter Unternehmer erkannte die Vorteile des Standorts Weiden. Christian Wilhelm Seltmann hatte als Lehrling und Dreher in der Porzellanfabrik Lehmann in Arzberg, seiner Heimatstadt, begonnen, sich dann zum Modelleur weitergebildet und schon mit 26 Jahren wurde ihm die Betriebsleitung übertragen. Aber der ehrgeizige junge Mann wollte mehr. Nachdem er zunächst mit seinem Bruder in Vohenstrauß gemeinsam die Porzellanfabrik Johann Seltmann gegründet hatte, nahm er 1910 alleine die Produktion in Weiden, zunächst mit drei Porzellan-Rundöfen,

Postkarte zum 25jährigen Bestehen der Porzellanfabrik Bauscher

auf. Schon drei Jahre später wurden diese auf fünf erweitert. Inzwischen war auch die Belegschaft auf 500 Personen angewachsen. Der I. Weltkrieg war für die neue Porzellanfabrik eine erste schwere Belastungsprobe. Trotzdem brachte Christian Seltmann, wenn auch mit geringer Belegschaft und unter den vielfältigsten kriegsbedingten Schwierigkeiten, sein Werk glücklich über die turbulenten Jahre hinweg und setzte nach Kriegsende den Ausbau fort.

Das Lesen eines Polizeiberichts ließ Josef Witt aus Reuth bei Erbendorf den Weg beschreiten, der ihn letztlich nach Weiden und zu einem blühenden Versandhandel führte: zwei Betrüger hatten Päckchen mit Ziegelsteinen gegen Nachnahme versandt und sich so erhebliche Einkünfte verschafft. Witt dachte sich nun, daß dieses System auch für eine ehrliche Art der Zustellung genutzt werden könnte und bot als ersten Versandschlager ein Paket mit »100 nützlichen Sachen für eine Mark« an. Dazu gehörten ein Kopftuch, Baumwollbänder und Knöpfe aller Art. Besonders beliebt war auch das ungebleichte Baumwolltuch und bei einem Einkauf von 30 Mark gab es gratis eine Schwarzwälder Uhr, später dann hölzerne Wecker oder Taschenuhren. Da der Bahnhof in Reuth die große Anzahl der Sendungen nicht mehr bewältigen konnte, verlegte Josef Witt sein Unternehmen 1913 nach Weiden.

Briefkopf der Firma Bauscher aus dem Jahr 1901. Schon 1888, sieben Jahre nach der Gründung, hatte das Fabrikgelände erweitert werden müssen, ab 1903 folgte eine erneute, erhebliche Vergrößerung, wobei mit 28 Metern Höhe ein Schornstein geplant wurde, »der der höchste seiner Art in ganz Bayern« gewesen sein dürfte.

Farbpostkarte mit der Glasfabrik Weiden, seit 1899 »Tafel-, Salin- und Spiegelglasfabriken AG«. Die Bezeichnung »Weiden. Glashütte« läßt darauf schließen, daß die Karte aus der Zeit um 1914 stammt, da sich das Fabrikgelände in Moosbürg befand, das seit dem 1.1.1914 zum Stadtgebiet Weiden gehört.

Am 13. März 1868 richtet Friedrich Schauwecker »unterthänigst« und »in ausgezeichneter Hochachtung« folgendes Gesuch an den »wohllöblichen Stadtmagistrat von Weiden«:

Der ergebenst Unterfertigte sieht sich genöthigt zum Zwecke der Fabrication des von ihm erfundenen Oeltropfapparates für Schieber und Kolben der Dampfmaschinen und Lokomotiven eine kleine Werkstätte einzurichten und in Betrieb zu setzen.

Da der Gegenstand patentiert ist – sonach der ergebenst Unterzeichnete die Befugnis zur Fabrication besitzt, so dürfte dieses kleine Geschäft mit keinerlei andern in Weiden betriebenen Geschäften in Collision gerathen.

Dies vorausgeschickt erlaubt sich der ergebenst Unterfertigte an einen wohllöblichen Magistrat der Stadt Weiden die unterthänige Bitte zu stellen ihn zum Behufe der Fabrication des ihm patentierten Apparates die hohe Bewilligung zu ertheilen und bezüglich Belegung der diesfallsigen Abgaben und Gebühren entsprechende Vormerkung zu machen.

Der gütigen Gewährung seiner unterthänigen Bitte entgegenhoffend
In ausgezeichneter Hochachtung
Einem wohllöblichen Stadtmagistrat
unterthänigster
Schauwecker, Ostbahnwerksmeister hier.
(Stadtarchiv Weiden, A II 2510).

Aus Anlaß des Allerhöchsten Besuches Seiner Majestät König Ludwig III. von Bayern in der Kreishauptstadt Regensburg am 14. – 16. Juni 1914 widmete die Handelskammer Regensburg alleruntertänigst und überreichte treu gehorsamst ein Werk mit dem Titel »Die Industrie der Oberpfalz in Wort und Bild«. Darin wurden auch die Weidener Firmen beschrieben:

Aktiengesellschaft Porzellanfabrik Weiden
Gebr. Bauscher, Weiden Opf.

Die Fabrik wurde 1881 mit 70 Arbeitern gegründet und zählt 1914 mit dem Personal ihrer Firmen in Luzern, London und Neuyork 900 Arbeiter und Angestellte. Das stete Streben der Firma, beste Qualitätsware herzustellen, war von gutem Erfolge begleitet. Ihre Spezialität »Hotelgeschirre« erfreut sich eines Weltrufes; die ersten Hotels des In- und Auslandes, die großen Dampfer und Speisewagen-Gesellschaften führen ihre Marke seit vielen Jahren, der Norddeutsche Lloyd seit 1892 ausschließlich. Auch das feuerfeste Koch- und Backgeschirr »Luzifer« wird von dergleichen Kundschaft mit Vorliebe benützt.

Die Erzeugnisse ihrer Kunstabteilung, Tafel- und Kaffee-Service, Vasen usw. nach Entwürfen erster Künstler, werden ihrer aparten Formen und Decore halber günstig beurteilt. Eine besondere Abteilung befaßt sich mit der Herstellung chemisch-technischer Porzellane, sowie von Hochspannungs- und Freileitungs-Isolatoren, die vielseitigen Eingang und Wertschätzung gefunden haben. ...

Die Fabrik hat für ihre Arbeiterschaft in weitgehendem Maße Wohlfahrts-Einrichtungen getroffen. So erhält der größte Teil der Arbeiter jährlich Urlaub unter Vergütung von Urlaubsgeldern. Es besteht eine Witwen-

Die Fertigungshalle der Firma Bauscher

und Waisenkasse, sowie eine Beamten-Pensionskasse. Ferner wird für Lebens- und Invaliditäts-Versicherung der kaufmännischen und technischen Beamten jährlich eine größere Summe aufgewendet. Die Firma hat ferner eine Sparkasse für das Personal, deren Einlagen mit 6 Prozent verzinst werden; auch hat die Firma eine eigene Fabriks-Bibliothek geschaffen.

Die Arbeiterschaft selbst hat sich zu einem Werkverein zusammengeschlossen, der vor zirka zwei Jahren gegründet wurde. ... Der Werkverein verfolgt den Zweck, das gemeinsame Zusammenarbeiten von Arbeitgeber und Arbeitnehmer zu fördern und für dessen Mitglieder besondere Einrichtungen zu schaffen. Als solche Einrichtungen können in erster Linie genannt werden, gemeinsamer Bezug von Lebensmitteln, Gewährung von Sparprämien, Gewährung von Militär-Unterstützungen etc. Ferner pflegt der Verein vor allem die Geselligkeit und es werden im Winter regelmäßige Unterhaltungsabende mit Vorträgen veranstaltet.

Die älteren Arbeiter der Fabrik haben sich zu einem Bauverein zusammengeschlossen, der von der Firma unterstützt wird. Bis jetzt sind zwei Arbeiter-Wohnhäuser für je sechs Familien fertig gestellt: fünf Häuser sollen heuer dazu kommen und im ganzen sollen es nach und nach fünfundzwanzig werden.

Der Firmengründer Christian Seltmann, geboren am 6. 4. 1870 in Schlottenhof bei Arzberg, gestorben am 18. 12. 1921 in Miltach.

Die Porzellanfabrik Seltmann, 1910 an der Pressather Straße, heute Christian-Seltmann-Straße, beinahe auf »freiem Feld« und direkt an der Bahnlinie, begründet.
Gemälde von Michael Lindner, 1880–1941, Stadtmuseum Weiden.

Geschäfts-Register Nr.

URKUNDE

des

kgl. Notariats Weiden.

Errichtet am 1. ten August 1910

Seltmann,

Weiden.

Urkunde über den Kauf des Geländes auf dem das Werk Weiden der Firma Seltmann errichtet wurde.

Christian Seltmann. Porzellanfabrik Weiden

Dieses in schöner freier Lage ganz nahe an der Bahnlinie Weiden-Bayreuth sich befindliche Unternehmen hat sich in den wenigen Jahren seines Bestehens außerordentlich entwickelt und seine Erzeugnisse gehören zu dem Besten, was in der Branche geboten wird.

Die Fabrik wurde in den Jahren 1910–1911 von dem gegenwärtigen Inhaber Herrn Christian Seltmann, welcher auch der Erbauer und langjährige Leiter der unter der Firma Johann Seltmann weithin bekannten Porzellanfabrik in Vohenstrauß war, errichtet. Sie ist in ihrer architektonischen Aufmachung, besonders aber in der praktischen Anordnung der Inneneinrichtung das Muster eines neuzeitlichen modernen Betriebes.

Hand in Hand gehend damit ist auch das Fabrikat ein erstklassiges. Hauptsächlich für den Inlands-Markt berechnet, eroberte es sich diesen vollständig und in kurzer Zeit war die Nachfrage eine so große, daß sich eine

Ansicht der Firma Seltmann aus dem Jahr 1914

bedeutende Vergrößerung der Fabrik, die für den Anfang nur mit 3 Öfen arbeitete, notwendig machte. Durch den Bau zweier weiterer Öfen und den Anbau eines größeren Gebäudes hat der Betrieb eine Ausdehnungs- und Leistungsfähigkeit erreicht, wie sie wohl keine zweite Porzellanfabrik in so kurzer Zeit aufzuweisen hat. Es werden gegenwärtig 500 Arbeiter beschäftigt und es besteht alle Aussicht, daß sich im Laufe der Zeit diese Zahl noch bedeutend vergrößert.

So wurden die ersten Sendungen der Firma Seltmann transportiert

Die Bahnhofsrestauration 1. Klasse

Eine besondere Stellung im Gefüge einer Porzellanfabrik nahmen die »Herren Maler« ein. Ihre Kunstfertigkeit war groß und daher genossen sie auch gewisse Privilegien. Aus der Frühzeit der Firma Bauscher erzählt man sich folgende Geschichte:

In der Weidener Bahnhofs-Restauration, natürlich I. Klasse, sitzt an einem Montag Vormittag eine Gruppe elegant gekleideter Herren mit Zylinderhüten und prächtigen Bärten zusammen. Man trinkt Wein und frotzelt über die Bestimmungen bezüglich des »Blauen Montags«: »Ob der Gendarm uns heute einkastelt oder zur Kasse bittet?« Denn wer am Montag »blau macht« kann zu Beginn dieses Jahrhunderts noch mit Geldstrafe bis 45 Mark belegt oder bis zu 8 Tagen in Haft genommen werden. Die Herren Maler, die sich ihrer Privilegien bewußt sind, finden es höchstens einen deftigen Spaß wert. Plötzlich geht die Tür zum Erste-Klasse-Bahnlokal auf, ein Mann mit Schleife und nicht so malerischem Vollbart erscheint, tritt an den Tisch der Maler, grüßt höflich und trägt eine Bitte vor: Ob es wohl möglich wäre, daß die Herren – nachdem sie in aller Ruhe ausgetrunken hätten, versteht sich – den kurzen Weg in die Porzellanfabrik anträten und vielleicht doch noch heute – er wisse, es sei Montag – einige von den eiligsten Aufträgen, er denke nur an die paar tausend Geschirrteile für den Norddeutschen Lloyd, dessen 120 Dampfer man bei Bauscher mit Porzellan ausstatte, in Angriff nehmen könnten. »Bitte, meine Herren.« Na ja, brummeln die Herren Maler, das ließe sich schon machen. »Danke, meine Herren«, sagt erleichtert der Bittsteller. Einen höflichen und gut angezogenen Büroboten hätten sie in der Firma, meint ein Ortsfremder, nachdem der Mann mit der Schleife gegangen ist. Die Herren Maler lachen. Der »Bürobote«– das war August Bauscher, der Fabrikant höchstpersönlich.

In unserer Malerei werden weitere Lehrlinge aufgenommen und denselben in den ersten Monaten Tagelohn vergütet. Jungen Leuten, die sich brauchbar erweisen, werden, bei größerer Entfernung als 1 1/2 Stunden, von der Fabrik Fahrräder geliehen. Wir ersuchen jedoch ausdrücklich, daß sich nur solche Personen melden möchten, die Anlage und Lust zur Malerei haben.

Porzellan-Fabrik Weiden.

(Amtsblatt für das königl. Bezirksgericht Weiden, 1897, S.295)

Erste Ansätze zu gewerkschaftlicher Organisierung der Industriearbeiter gab es in Weiden im Jahr 1892, als Porzellanarbeiter der Firma Bauscher eine Zahlstelle des sozialdemokratischen » Verbandes der Porzellan- und verwandten Arbeiter beiderlei Geschlechts« begründeten, Vorläufer der modernen Industriegewerkschaft Chemie-Papier-Keramik. Ein Jahr später, am 9. Mai 1893, konstituierte sich in Weiden der Fachverein der Spiegelglasarbeiter. 1905 wird auch schon der Zentralverband christlicher Arbeiter und Arbeiterinnen der keramischen Industrie Deutschlands genannt.

Das Untere Tor vom Schlörplatz aus gesehen, rechts das »Kaiser-Haus«, einst Wohnhaus des Bürgermeisters August Prechtl.
Gemälde von Georg Freytag, 1897–1967, Stadtmuseum Weiden

Weiden und seine Bauten

Das Anwachsen der Bevölkerung im Zuge von Industrialisierung und Bahnanschluß machte in Weiden auch viele Neu- und Umbauten notwendig. Vor allen Dingen im Bereich der Schulen, der Versorgungseinrichtungen, der Wohnungen und dem der Kirchen wurden viele Projekte verwirklicht. Nicht zu vergessen das Weidener Rathaus, das ein neues Gesicht erhielt.

Aber nicht nur positive Aspekte hatte dieser Bauboom wie eine Zeitungsnotiz aus dem Jahr 1897 belegt:

Weiden, 22. Nov. Mit dem rapiden Wachsen unserer Stadt und der damit verbundenen Baulust gehen die Plätze in unmittelbarer Nähe derselben gewaltig in die Höhe. Komplexe im Sicherweiher [sic!] (sog. Sicherweihertheile, ca. 3/4 Tagw. groß) zwischen Bahnstrecke und Sicherdamm gelegen, waren vor einem Jahrzehnt um ca. 10 M. á Dez. erhältlich und betrachtete man dortmals in Anbetracht der schlechten Futterqualität der Wiesen diese Summe als eine sehr hohe; in den jüngsten Tagen wurde ein solcher Komplex hinter dem Hause des Herrn Droguisten Stadler um 150 Mk. á Dezimal verkauft. *(aus: Weidener Anzeiger vom 24.11.1897)*

Das herausragendste bauliche Unternehmen dieser Zeit dürfte der Bau der katholischen Stadtpfarrkirche St. Josef gewesen sein, dem natürlich etliche Diskussionen über Standort und Finanzierung vorausgingen.

Der Mann als dessen Lebenswerk die Kirche angesehen werden kann, der geistliche Rat Max Josef Söllner, schrieb über die Anfänge:

Als ich am Feste des hl. Josef 1894 die Predigt beendet hatte, fügte ich ungefähr folgendes bei: 'Meine lieben Pfarrkinder! Ich habe im Laufe von 2 Jahren immer mehr die Überzeugung gewonnen, daß ich nicht länger Seelsorger in Weiden bleiben kann und darf, wenn ich mir nicht die Aufgabe stelle, die Auflösung des Kirchensimultaneums anzustreben, sei es durch Ablösung des protestantischen Miteigentumsrechtes an der Kirche oder durch Erbauung einer neuen katholischen Kirche. Mir ist nun mit dieser Aufgabe so vollkommen ernst, daß ich schon heute für das Projekt einen Schutzheiligen mir erwähle und das ist der hl. Josef. Weiterhin muß ich aber schon heute euch alle dringendst bitten vom ersten Anfang an in meinem Unternehmen mich recht bereitwillig zu unterstützen und mir niemals jene mannigfaltige Opferwilligkeit zu versagen, deren es eurerseits bedürfen wird, wenn das große, heilige Werk glücklich zustande kommen soll.' ... Eine viel

Stahlstich der katholischen Stadtpfarrkirche St. Josef. Entwurf von Architekt Schott

höhere Bedeutung als die Staatsunterstützung hatten natürlich die freiwilligen Beiträge, welche von den Pfarrkindern und von überaus zahlreichen auswärtigen Wohltätern geleistet wurden. ... Um die Hilfe möglichst vielfach zu gestalten, entschloß ich mich auch zum Holzbettel, der mehrere Winter hindurch mit größtem Eifer betrieben und auf 3 bis 4 Stunden entfernte Ortschaften ausgedehnt wurde. Was an Holz geschenkt wurde, beziffert sich nach damaligem Preis auf mindestens 20 000 Mark und lieferte beiläufig die Hälfte dessen, was an Balken und Brettern für den Bau notwendig war. ...

Viele Erwägungen hat die Wahl des Bauplatzes und die Frage, ob ein oder zwei Türme errichtet werden sollen, verursacht. Daß die Erbauung von zwei Türmen beschlossen wurde, hatte seinen Hauptgrund in der Rücksicht auf eine günstige Unterbringung der Glocken. Außerdem aber glaubte man durch eine zweitürmige Kirche zur Verschönerung des Stadtbildes einiges beitragen zu können. Was den Bauplatz betrifft, so wurde immer wieder gefragt, warum denn mit seiner Auswahl so lange gezögert wurde. Auffallender Weise vermochte mich diese Frage nicht im geringsten aufzuregen; ich glaubte unbedingt zuwarten zu müssen und das war gut. Verschiedene Umstände vereinigten sich im Laufe der Zeit um eine Bauplatzwahl als die einzig richtige, wenn nicht als die einzig mögliche erscheinen zu lassen. Das Gotteshaus ist in der Mitte der Stadt zu stehen gekommen und erfreut sich nicht blos wegen der Nähe der Allee eines großen freien Vorplatzes, sondern auch auf den drei anderen Seiten einer passenden, nicht einengenden Umgebung. ...

Im Frühjahr 1899 brachte der Architekt Johann Schott von München die Pläne und den Kostenvoranschlag für den Rohbau in Vorlage. Der Kostenvoranschlag lautete auf 300 000 Mark, wovon durch einen Submittenten, den Baumeister Kormeau in Landshut 14 000 Mark abgeboten wurde. Daß ihm der Bau übertragen und durch seinen Palier Lorenz Kubizek ausgeführt wurde, hatten wir nie zu beklagen. Dem sehr günstigen trockenen Wetter in den Jahren 1899 und 1900 war es zu verdanken, daß der im Mai 1899 in Angriff genommene Bau schon im November 1900 so weit vollendet war, daß wir die alte Kirche verlassen konnten.

Es geschah dies am 11. November 1900. Unter den strömenden Regen, der vom Himmel fiel, mischten sich an diesem Tag viele Tränen solcher, die sich bei aller Freude über das neue Gotteshaus doch schwer vom Heiligtum des hl. Erzengels Michael zu trennen vermochten. ...

So überaus groß war das Interesse des hochseligen Bichofs [Ignatius von Senestréy] für den Weidener Kirchenbau, daß er im Jahre darauf 1901 in einem Alter von 85 Jahren es sich nicht nehmen ließ, den äußerst beschwerlichen Akt der Kirchenkonsekration selbst zu vollziehen. Der Himmel schenkte auch für diese Feierlichkeit am 29. September einen wunderbar schönen Tag. Nach seiner Ankunft dahier hatte sich Bischof Ignatius sofort in das Gotteshaus begeben und als er dort des Hochaltars – der in seinem Unterteil vom Kiefersfelder Marmorwerk und in seinem oberen Aufbau vom Goldarbeiter Harrach in München mit großer Kunstfertigkeit aus feu-

Links. Hauptportal der Stadtpfarrkirche St. Josef

Rechts: Erinnerung an die Konsekration der Stadtpfarrkirche am 29. September 1901

ervergoldetem Kupferblech hergestellt war – ansichtig wurde, schlug er wiederholt die Hände zusammen mit dem Ausruf: »Ach, können Sie eine Freude haben!« ...

Das Innere der Kirche wurde von dem Kunstmaler und Bildhauer Hofstaetter (auch: Hofstötter) zunächst ebenfalls neoromanisch gestaltet, aber:

... sein Werk fand wenig Gefallen, auch bei mir selbst. Ich fing deshalb auch an, mit dem hl. Josef ein bißchen zu hadern und ihm des öfteren zu sagen, er hätte mich doch in dieser wichtigen Sache nicht im Stich lassen sollen ...

Der heilige Josef hatte ein Einsehen mit seinem treuen Diener und 1904 trat Hofstötter mit einem neuen Entwurf an Stadtpfarrer Söllner heran.

Er hatte erklärt, er habe sich eines Besseren besonnen und wolle nicht mehr altromanisch, sondern so arbeiten, daß es der modernen Geschmacksrichtung entspreche.

Diese moderne Geschmacksrichtung war der Jugendstil und in den folgenden Jahren schuf Hofstötter, unterstützt vom Weidener Wilhelm Vierling, ein prächtiges Inneres, wobei er sowohl malerische als auch bildhauerische Elemente einbrachte.

Weiden, den 25. Oktbr. 1897
Damit die kath. Kirchenverwaltung zu einem der Projekte, welche bei Erörterung der Kirchenbauplatzfrage aufgetaucht sind, Stellung nehmen kann, wird das ergebenste Ansuchen gestellt, der Stadtmagistrat wolle gefälligst mitteilen, ob für den Fall, daß das der Stadtgemeinde gehörige Meißner'sche Grundstück als Kirchenbauplatz gewählt werden sollte, die Ausführung des diesbezüglichen Straßenbauprojektes unterbleiben könnte und welcher Kaufpreis für das Meißner'sche Anwesen gefordert werde.
Der Vorstand der kath. Kirchenverwaltung
gezeichnet: Söllner

Auf den Straßenbau würde verzichtet werden, »weil um die Kirche herum ohnehin die Verbindung von einer Straße zur anderen geschaffen werden wird«.

In heutiger Magistratssitzung wurde beschlossen: das Meißner'sche Anwesen betr.
Für den Fall der Benoetigung des sog. Meißner'schen Anwesens zum Bau der kath. Kirche wird derselbe um den Preis von 25 000 Mark zugesagt.
Weiden 10. November 1897
Stadtmagistrat
gezeichnet: Prechtl
(Stadtarchiv Weiden, A III 135)

Neues katholisches Schulhaus

In einem »Illustrierten Führer durch Weiden« aus dem Jahr 1907 ist zu lesen:

Wir begeben uns um die nächste Gartenecke des Realschulgebäudes zur Allee zurück und wandeln unter dem Dämmerlicht altersgebrechlicher und junger Linden zum hauptsächlichsten Neubau unserer Stadt, zur Katholischen Pfarrkirche. Treu romanisch, in Kreuzform und mit zwei Türmen, verkörpert dieses Gotteshaus in schlicht erhabener Weise sowohl die Verehrung des heiligen Josephs, als auch die Glaubensliebe der kath. Bevölkerung der Stadt und der Umgegend. Am Johannistage 1899 war die Grundsteinlegung und schon im November des nächsten Jahres war die Kirche dank der unermüdlichen Hingabe des kgl. Geistlichen Rates und der Opferwilligkeit aller Schichten und Kreise zum ersten Gottesdienste fertig. Auch das Innere der Kirche ist in den Hauptteilen vollendet. Eine kostbare Orgel aus der Orgelbauanstalt von Merz in München hebt die Andacht der Beter, die das Glockengeläute durch seiner Töne wohlgelungene Harmonie aus Nähe und Ferne ruft. Das neue Pfarrhaus, das wir in unmittelbarer Nachbarschaft erblicken, stellt sich als ernster Bau seiner Kirche würdig zur Seite.

Im neuen Strassenzuge hinter der Kirche erstand vor Jahresfrist auch die Neue Katholische Schule. Die Ruhe des Klosters, die in seiner edlen Architektonik liegt und das Leben, das uns aus den lichtreichen Fenstern, dem bildlichen Schmuck der Giebel und der hellen Fassade anspricht, bestätigt uns, dass dieses Haus der frohen Jugend so gut wie ihren ernsten Erziehern gehört. Die Vollendung des Gebäudes einschliesslich seiner Einrichtungen mit den neuesten Fortschritten ist ein drastischer Beweis für den Aufschwung, den die neue Generation aus den Überresten des Alten heraus genommen hat.

Diese Begeisterung für den Bau der Katholischen Mädchenschule, der heutigen Gerhardinger-Schule, teilten nicht alle, wie ein Zeitungsbericht anläßlich der Eröffnung am 18. September 1905 zeigt:

Das Gebäude selbst mit seinen 17 geräumigen und hellen Lehrsälen und verschiedenen Nebenräumen ist im Innern zweckmäßig eingerichtet, sein Aeußeres einfach, aber geschmackvoll ausgestattet und macht so auf den Fachmann und Laien einen recht guten Eindruck. Nur drängt sich den meisten Besuchern die Frage auf: »Warum stellte man diesen schönen Bau hinter die neue Stadtkirche, wodurch beide Gebäude sich gegenseitig von ihren schönsten Seiten decken?« Ferner tritt bei genauer Besichtigung der nächsten Umgebung des Schulhauses dem Fachmanne die weitere Frage entgegen: »Wo ist für dieses Schulhaus ein entsprechend geräumiger Schulhof, auf dem 1000 Schulkinder in ihrer freien Zeit spielen und sich frei bewegen und ausspringen können?« Sollte es dem Scharfblick der Herren Stadtväter und der kgl. Schulbehörden entgangen sein, daß ein solcher Hof ein wesentliches Erfordernis eines modernen Schulhauses ist?

Die Zeitungsredaktion des Weidener Anzeigers fügte diesem »Artikel von befreundeter Seite« ihrerseits noch hinzu:

Wir erblicken in diesem neuerrichteten Schulhaus einen modernen großstädtischen Bau, gerade als stände unserer Stadt der Geldbeutel eines Krösus zur Verfügung und denken, daß nachdem Weiden an und für sich schon sehr geschmalzene Umlagen hat und noch verschiedene kostspielige gemeindliche Bedürfnisse ihrer Erledigung harren – an diesem versteckt gelegenen Platze es ein einfacherer Bau auch schon getan hätte. ...

Nach unserer selbstverständlich unmaßgebenden Meinung können die mittleren Räume sehr gut zu sogenannten Bastlerstuben der Holzbranche verwendet werden, in welchen die kleine Welt sehr leicht die Selbstanfertigung der für den Hausrat einer gew. Arbeiter-Familie benötigten einfachen Gegenstände – wie Schaufelstiel-, Rechen-, Schuhsohlen-, Löffel-, Kartoffelquirl-Schnitzen, Besenbinden etc. – lernt. Die an den Ecken gelegenen Räume sind sogar so hell, daß man darin eine Flickwerkstätte für gratis erworbene Kleidungs- und Schuhstücke einrichten könnte. Es wäre nur zu begrüßen, wenn der Handfertigkeitsunterricht bald kommen würde, es kämen dann die Kinder mehr von der Gasse weg und würden weniger verrohen. ...

In den Schulsälen befindet sich am wenigsten Uebertriebenes. Selbe machen durch ihre Einfachheit und durch die der Neuzeit entsprechenden Geräte einen sehr guten Eindruck. Es ist zwar der Fußboden mit Linoleum belegt, allein dieses hat nach unserer Ansicht wieder das gute, daß die Kinder der weniger Bemittelten auch während der Schulzeit ihre Fußbekleidung anbehalten können, indem Holz mit Holz nicht mehr in Berührung kommt und ein den Unterricht störendes Geklapper nicht mehr entstehen kann. Es verschwindet dadurch eine Demütigung der ärmeren Schichten. Was nun den Plan des Gesamten anbelangt, so denken wir, daß man den Architekten hätte getrost ersparen können. Einem von unserem Stadtbaumeister ausgearbeitetem Projekte hätten vielleicht weniger Mängel angehaftet. Es ist zu wenig aus der Praxis geschöpft. Vorn am Eingang stehen 6 Fußabkratzer. Was ist dieses für soviele Kinder? Hier hätte von der Bahn durch Nachahmung der vor dem Bahnpostgebäude befindlichen Abstreifvorrichtung gelernt werden können. Auch das Treppenhaus erscheint uns viel zu schmal... *(aus: Weidener Anzeiger vom 20.9.1905)*

Wurde schon erwähnt, daß es sich bei dem Neubau um eine katholische Schule und bei den Berichterstattern um das evangelische Blatt handelte?

Natürlich hatte es vor der Gerhardinger-Schule schon andere Schulhaus-Neubauten gegeben, so wurde 1877 als zweite Schule neben dem »Alten Schulhaus« an der Schulgasse die »Katholische Knabenschule« in der Asyl-/Ecke Herrmannstraße eröffnet, die 1937, nach ihrem wohl berühmtesten Schüler, in »Max-Reger-Schule« umbenannt wurde.

Dieser Bau war dringend notwendig gewesen, hatte doch Lehrer Hamm am 2. Oktober 1876 in einer Eingabe an die kgl. Lokalschulinspektion geklagt:

Bei dem heute stattgefundenen Beginne des Schuljahres meldeten sich circa 120 Schüler an. In dem mir zugewiesenen Schulzimmer ist für höchstens 70 Kinder Raum. Abteilungsunterricht kann und darf nicht erteilt werden, und habe ich deshalb den nicht unterzubringenden Kindern zwei Tage Ferien gegeben. Ich bitte um baldmöglichste Verfügung in diesem Betreffe.

Gehorsamster Schullehrer Hamm.

Der Stadtverwaltung war »der außerordentlich mangelhafte Zustand der Volksschullokalitäten« schon bekannt gewesen, Neubaupläne waren aber immer wieder an den Kosten gescheitert. 1876 entschloß man sich aber dann doch dazu. Der Kostenvoranschlag belief sich auf 64 865 Gulden 73 Kreuzer, zum Vergleich: ein Wohnhaus mit Stall und Schupfe kostete damals ungefähr 3 500 Gulden.

In einem Aufruf wandte man sich an die katholische Bevölkerung um Hilfe:

Katholiken!

Wie allen bekannt, sind in Folge der bedeutenden Zunahme der katholischen Bevölkerung in Weiden unsere bisherigen Schullokale theils zu klein, theils um drei zu wenig geworden. Das macht den Bau eines neuen Schulhauses nothwendig. Die Kosten dieses Baues entziffern selbstverständlich

Am 30. Juli 1872 beschloß die Stadt Weiden den Bau eines eigenen Gebäudes für die Realschule, damals noch Gewerbeschule. Am 7. Oktober 1873 wurde das neue Schulhaus feierlich seiner Bestimmung übergeben. Im Jahr 1910 erfolgte ein Anbau mit sechs geräumigen Klassenzimmern.

Das königlich humanistische Gymnasium wurde im Jahr 1903 an der Sebastianstraße, in unmittelbarer Nähe zur Kirche St. Sebastian, errichtet.

eine beträchtliche Summe; das Kapital muß aufgenommen und von diesem jährlich eine bestimmte Summe sammt Zinsen abgetragen werden.

An uns liegt es nun, die Größe dieses Kapitals durch freiwillige Leistungen herabzumindern. Solches kann geschehen durch Leistungen an Geld, oder Abgabe von Baumaterial z.B. Holz, oder an Hand- und Spann-Diensten. In den nächsten Tagen werden kath. Bürger zu den einzelnen Familien kommen, um die Zeichnung dieser freiwilligen Leistungen entgegen zu nehmen.

Katholiken, zeigen wir uns jetzt freigiebig, wir thun es ja für unsere Kinder! Arm und Reich, Jeder kann ein Opfer bringen.

Weiden, den 26. März 1877

(Unterschriften)

(Stadtarchiv Weiden, AII 675)

Zum katholischen Schulhausbau in Weiden werden 40 gute Mauerer-Gesellen sogleich angenommen.

Ich ersuche die Herrn Bürgermeister, dieß in ihren Gemeinden gefälligst bekannt zu geben.

Weiden, den 9. April 1877

Peter Weiß, Baumeister

(aus: Amtsblatt für das königl. Bezirksgericht Weiden, ...1877, S. 117)

Wie jedes größere Bauprojekt blieb auch dieses in der Öffentlichkeit nicht unkommentiert, wie folgender Beleg aus dem Amtsblatt des Jahres 1877 zeigt:

In einem erregten Moment habe ich in der Heindl'schen Bierwirthschaft beleidigende Ausdrücke über die Mitglieder des Bauausschußes des neuen katholischen Schulhauses gebraucht, die ich, weil sie gänzlich grundlos sind, bereue, ausgesprochen zu haben und die ich deßhalb hiermit öffentlich zurücknehme, sowie ich mich zu weiterer Genugthuung bereit erkläre, falls solche noch verlangt werden sollte.

Weiden,13. September 1877.

Gg. Glötzner, Schreinermeister.

(aus: Amtsblatt für das königl. Bezirksgericht Weiden ..., 1877, S. 310)

Ein schöner Aspekt des Schulbaus manifestiert sich in der nachstehenden Dankadresse, ebenfalls im Amtsblatt von 1877 zu finden:

Oeffentlicher Dank

Nach vollendetem Bau des katholischen Schulhauses dahier, erachten es die Unterzeichneten für ihre Pflicht, hiemit vor allem Herrn Bürgermeister Bischoff sowie Herrn Bauunternehmer Weiß, für ihre aufopfernde Thätigkeit bei Leitung dieses Baues und Herrn Magistratsrhat Friedrich Meyer für unentgeltliche Überlassung nothwendiger Baulichkeiten zu einen Magazin, besten Dank zu sagen.

Ferner danken wir unsern protestantischen Mitbürgern für ihre so bereitwillig geleisteten vielen unentgeltlichen Fuhren.

Das Mädchenlyzeum, hier noch Präparandenschule

Und schließlich allen übrigen Gutthätern für die reichlich gebotenen Gaben in baarem Gelde, Baumaterialien, Fuhren und anderen freiwilligen Leistungen.

Weiden, den 2. Dezember 1877.

Der Bauausschuß.

(aus: Amtsblatt für das königl. Bezirksgericht Weiden ..., 1877, S. 410)

Im Jahr 1912 war die Raumnot in der katholischen Knabenschule so groß geworden, daß ein Anbau zur Herrmannstraße hin notwendig wurde. Dabei wurde sogar ein Schülerbad mit eingerichtet. In einer Feier am 8. September 1913 wurde der neue Anbau – mit Turnhalle – der Öffentlichkeit übergeben und Bürgermeister Knorr wies in seiner Eröffnungsrede stolz darauf hin, daß das neue Knabenschulhaus den zu der Zeit größten Schulneubau der Oberpfalz darstellte.

Am 6. März 1880 nahm der Kreisschulreferent eine Inspektion der »Lokalitäten der protestantischen Volksschule« vor. Daraufhin kam es zu folgendem Beschluß der Regierung der Oberpfalz und von Regensburg, Kammer des Innern:

Die Besichtigung der Lokalitäten der protestantischen Volksschulen hat neuerdings die Überzeugung begründet, daß der Bau eines neuen Schulhauses für die protestantische Volksschule ein dringendes und unabweisbares

Bedürfnis ist, dessen Befriedigung aus sanitären Gründen, wie mit Rücksicht auf die Anforderungen des Unterrichtes nicht länger aufgeschoben werden darf.

Von der zur Zeit für die protest. Schule verwendeten Unterrichtslokalen entspricht nur das im Erdgeschosse des Realschulgebäudes befindliche in bezug auf Gestalt, Höhe und Beleuchtung, aber auch dieses Lokal ist für die in demselben untergebrachte obere Abteilung der Knabenschule kaum mehr geräumig genug.

Die übrigen 3 Schulzimmer, im alten Schulhause, sind sämmtlich niedrig, dumpf und teils in Folge der tiefen Fensternischen und kleinen Fenster, teils in Folge ihrer unverhältnismässigen Tiefe und ungünstiger Stellung der Fenster höchst mangelhaft beleuchtet, überdieß – mit einziger Ausnahme des Zimmers für die Vorbereitungsklasse – überfüllt und sehr schlecht ventiliert. ...

Das k. Bezirksamt wird daher angewiesen, die protest. Schulsprengelverwaltung Weiden unter Mitteilung gegenwärtiger Entschließung über die Art und Weise der Beschaffung hinreichender und zweckentsprechender Unterrichtsräumlichkeiten aufzufordern und dieselbe eindringlichst darüber zu belehren, daß eine für lange Jahre hinaus genügende Bereinigung dieser Angelegenheit zweckmäßig weder durch Umbauten im alten Schulhause, noch durch Ankauf und Adaptierung eines bereits bestehenden Gebäudes, sondern einzig und allein durch Führung eines Neubaues an passendem Platze herbeigeführt werden kann. *(Stadtarchiv Weiden, A II 832)*

Das Bezirksamt übermittelte diese Anordnung von höchster Stelle und in den folgenden Monaten war man mit der Anschaffung eines Grundstücks, die Standortwahl fiel auf den Pressather Weg, heute Sedanstraße, und den Bauarbeiten beschäftigt.

Das Protokoll über die Sitzung der protestantischen Schulsprengel-Verwaltung vom 25. September 1882 enthält den befriedigenden Satz:

Soll die Eröffnung und Übergabe (des neuerbauten Schulhauses) am Montag, 2. Oktober, Vormittags 9 Uhr nach dem Vorschlage des Bauausschusses geschehen. *(Stadtarchiv Weiden, A II 832)*

Auch das höhere Schulwesen war natürlich in Weiden, das sich auch gerne und mit Recht als »Schulstadt« bezeichnete, vertreten.

Begonnen hatte alles mit einer Gewerbeschule, zunächst mit einem Kurs, die am 22.12.1869 eröffnet wurde. Aus ihr entwickelte sich 1877 die Realschule, die 1927 zur Oberrealschule wurde.

Den Weidenern reichte dies aber zunächst nicht, man strebte die Errichtung einer Lateinschule, bzw. eines Gymnasiums an. Im März 1876 reiste sogar eine Abordnung aus Weiden nach München, um beim Ministerium um die Errichtung eines Gymnasiums in Weiden zu bitten. Dies schlug fehl, Regensburg machte das Rennen.

So entschloß sich 1886 die Stadt, deren Einwohnerzahl mittlerweile auf 5.500 angewachsen war, aus eigenen Mitteln einen einstweiligen Ersatz für

Die 5. Realschulklasse 1911

die noch zu errichtende Lateinschule zu schaffen und genehmigte 1 500 fl. für einen zweikursigen lateinischen Privatunterricht an der Realschule. Die Schüler, welche diesen Unterricht besuchten, waren dafür von anderen Fächern (Französisch und Zeichnen) befreit. ... *(Hans Ries, Lateinschule und Gymnasium Weiden/Opf. 1530–1932, Weiden 1932)*

Die Stadt gab ihre Bestrebungen nicht auf und 1902 wurde die Errichtung eines Gymnasiums neben der Kirche St. Sebastian genehmigt. Allerdings mußte die Stadt den Bauplatz kostenlos zur Verfügung stellen.

Am 28. Oktober 1902 erfolgte die Grundsteinlegung, die Hebefeier am 15. Mai 1903. Im Jahr 1903/04 konnten die ersten 6 Klassen mit 163 Schülern in das neue Haus einziehen, im Juli 1907 verließen die ersten Absolventen die Schule, die nun schon 279 Schüler zählte.

An seine Schulzeit am Weidner Gymnasium von 1902 bis 1911 erinnert sich Dr. Curt Schuster:

Im September 1902 trat ich in die erste Klasse der Lateinschule zu Weiden ein, nachdem ich vorher vier Jahre lang die katholische Volksschule besucht hatte, ... Die Lateinschule war damals mit der sechsklassigen Realschule verbunden: sie umfaßte nur wenige Klassen, im Schuljahr 1902/03 zum erstenmal eine fünfte Klasse mit noch nicht zehn Schülern. Unsere erste Klasse zählte 42 Schüler. ... Der größere Teil waren Auswärtige, meist aus der nördlichen Oberpfalz. ...

Die Räume der zweiten, dritten und vierten Klasse der Lateinschule befanden sich im Gebäude der Realschule [an der Luitpoldstraße], während die erste und fünfte Klasse in dem sogenannten städtischen Beamtenwohnhaus an der Allee untergebracht waren. Dieses Gebäude, ..., war eine Zeitlang unter dem Namen Panzerkaserne bekannt, ... Es waren recht bescheidene und für den Schulbetrieb wenig geeignete Räume ... In der lichtarmen Jahreszeit trugen zwei große Petroleumlampen zu unserer besseren Erleuchtung bei, mit denen Herr Maunz freilich ebenso wie mit uns manchen Ärger hatte. Sie rochen nicht gut! Sie rauchten und rußten und mußten reguliert werden, und was das Schlimmste war, es tropfte immer Petroleum – ... Das Klassenzimmer war auch keineswegs mit einer neuzeitlichen Ventilationseinrichtung ausgestattet. Zweiundvierzig Schüler – darunter wohl sehr viele, die zu Hause kein Badezimmer hatten, was damals ohnehin eine Seltenheit war – die Petroleumlampen, der Ofen nicht von der besten Bauart – da kam es dann manchmal vor, daß das Betriebsklima nicht gerade das beste war. Dem wurde dadurch abgeholfen, daß ich gelegentlich einige Räucherkerzchen mitbringen mußte – denn mein Vater war Drogist – die die Atmosphäre, wie man sich leicht vorstellen kann, merklich verbesserten. ...

Als wir im Herbst 1903 in der zweiten Klasse den neuen Bau bezogen, da betraten wir mit einem gewissen ehrfürchtigen Staunen die hellen, schönen Räume, die so sehr verschieden waren von unseren bisherigen Klassenzimmern an der Allee. ...

In dem Giebelfeld des stolzen Baues hatte man in begreiflicher Freude über das wohlgelungene Werk die Inschrift LUITPOLD-GYMNASIUM in großen Goldbuchstaben angebracht. ... Offenbar hatte man aber versäumt, an allerhöchster Stelle die Genehmigung für diesen Gebrauch des Namens des Prinzregenten einzuholen, und da eine solche nachträglich nicht gewährt wurde, mußte der schöne, vergoldete Luitpold wieder herunter und durch ein schlichtes HUMANISTISCHES-GYMNASIUM ersetzt werden. Weitere Folgen hatte diese biedere Streben der oberpfälzischen Kleinstadt, einen Schimmer höfisch-dynastischen Glanzes auf sich zu lenken, nicht gehabt.

Daß es damals schon »Snobs« gab, beweist eine kleine Geschichte, die Dr. Schuster über einen Lehrer zum Besten gibt, der seine Versetzung nach Weiden wohl als eine »Verbannung nach Bayerisch-Sibirien« sah:

...davon erzählte man sich in Weiden damals die Geschichte von Herrn Kappler und dem Liederkranz. Dieser letztere, schon damals ein traditionsreicher alter Verein von hohem Ansehen, umfaßte in der schönen demokratischen Weise der damaligen Zeit ebenso das gewerbliche Bürgertum, die Kaufmannschaft wie die Lehrer, Beamte aller Rangstufen und Angehörige der freien Berufe zu gemeinsamer Musikpflege und Geselligkeit. Als man Herrn Kappler aufforderte, sich dem Verein anzuschließen – und als Jung-

Reizvolle Winteransichten der Stadt Weiden aus der Zeit um 1900.
Auch die »alten Weidener« liebten schon sportliche Unternehmungen in Schnee und Eis, wie Schlittschuhlaufen und Schlittenfahrten über den malerischen Marktplatz.

geselle wäre er ja ein besonders schätzenswertes Mitglied gewesen – da antwortete er in unwiderleglicher Korrektheit – 'er bedauere, daß er sich keinem Verein anschließen könne, dem Leute angehören, die ihre Schweine selber schlachten'. ...

Wie schon erwähnt, war das Jahr 1907 dadurch ausgezeichnet, daß damals die ersten Abiturienten die Anstalt verließen und mit Stolz die roten Mützen der Abituria durch die Straßen Weidens trugen.

Nicht vergessen werden im Reigen der Weidener Schulen darf natürlich die 1869 begründete Landwirtschaftliche Winterschule, die in ihrer Frühzeit im Vesten Haus untergebracht war und seit 1926 ein eigenes Gebäude in der Asylstraße besaß. Ebenso das Mädchenlyzeum, das 1907 errichtet worden war.

Nachdem rund um die Altstadt Weiden sich ausdehnte, neue, schöne Gebäude entstanden, wollte auch der Stadtmagistrat nicht zurückstehen und dem Rathaus in der Mitte der Stadt im Verlaufe von notwendig gewordenen Reparaturarbeiten ein neues Gesicht verleihen. Außerdem hatte sich die dringende Notwendigkeit ergeben, weitere Geschäftsräume zu gewinnen.

In heutiger Magistratssitzung wurde beschlossen: Rathausaus- und Umbau betr. Dem Antrage des Mag. Rates Nickl für die gesamten Um- und Ausbauarbeiten des Rathauses einheitliche Pläne und Kostenvoranschläge

Das Rathaus nach dem Umbau im Jahr 1912

einschließlich der Zentralheizung herzustellen und dabei auch auf eine schönere Ausgestaltung der Aussenseiten des Rathauses Bedacht zu nehmen, wird einstimmig beigetreten.

Darnach sollen die Arbeiten im Jahre 1913 zum vollen Abschlusse gelangen; auch wird hiedurch ein klarer Überblick über die noch erforderlichen baulichen Maßnahmen und deren Kosten erzielt.

Weiden, den 30. Oktober 1912
Stadtmagistrat
Gezeichnet: Knorr
(Stadtarchiv Weiden, Akten Bauamt Nr. 1)

Weiden. (Rathaus-Umbau). Mit einem Kostenaufwand von über 50 000 M. ist nun der äußere Umbau des Rathauses mit seiner großen Freitreppe vollendet. In altem Stil gemalte Wappenbilder und gotische Steinfiguren zieren die Treppenwand beim Eingang in das Rathaus, das nun für die breite Marktstraße ein prächtiger Schmuck ward. *(aus: Münchner Neueste Nachrichten vom 28.10.1915)*

Die angestiegene Bevölkerungszahl machte natürlich auch die Erweiterung der Kranken-Versorgung notwendig. Schon 1880 hatte Dr. Eduard Reinhard an den Magistrat geschrieben:

Da in nächster Zeit einem Entscheidung darüber zu treffen sein wird, in welcher Weise die Armen der Stadt unterzubringen seien, so erlaubt sich der Unterfertigte, einen Vorschlag einem wohllöblichen Magistrat und Gemeindekollegium zu unterbreiten, dahin gehend, die Armen der Stadt in den jetzt als Krankenhaus dienenden Räumlichkeiten unterzubringen und statt eines neuen Armenhauses lieber ein zweckentsprechendes Krankenhaus außerhalb der Stadt zu erbauen. Sollte dieser Vorschlag in ernstliche Erwägung gezogen werden, so wäre der Unterfertigte gerne bereit, auf Wunsch die Gründe zu erörtern, die zu diesem Antrage führen mußten. *(Stadtarchiv Weiden, A II 1180)*

Der Ingenieur Dr. Müller erstellte 1881 die Baupläne für insgesamt 30 Betten. Allerdings wurden dann die Pläne zurückgestellt, da der Magistrat geltend machte, daß neben dem Neubau von zwei Schulhäusern, dem Gaswerk und den hohen Kosten für die Realschule die Finanzierung eines Krankenhausbaues nicht mehr möglich sei.

Die Regierung hatte ein Einsehen und schrieb am 12. April 1884:

... daß zwar die Erbauung eines neuen Krankenhauses in Weiden nothwendig sei, daß aber zur Zeit auf dießer Erbauung nicht bestanden, sondern eine günstigere finanzielle Lage der Stadtgemeinde Weiden abgewartet werden wolle. *(Stadtarchiv Weiden, A II 1180)*

Drei Jahre später, im Dezember 1887, beschloß der Magistrat den Bau eines neuen Krankenhauses, da das Bedürfnis nach einem solchen »eine längst unbestrittene Thatsache« sei. Der Bauplatz befand sich an der damaligen Neustädter, heute Gabelsberger Straße.

Das 1889 neu erbaute städtische Krankenhaus

Im Jahr 1889 war das Haus vollendet und wurde seiner Bestimmung übergeben.

Natürlich wurde auch eine »Kranken-Ordnung« erstellt, um das tägliche Leben im Krankenhaus zu organisieren.

Kranken-Ordnung.

§ 1. Die Kranken sind den Anordnungen der Verwaltung und des Arztes und Wartepersonals in jeder Hinsicht Gehorsam schuldig.

Ruhiges und anständiges Benehmen namentlich auch den Mitkranken gegenüber wird verlangt.

§ 2. Jeder Kranke muß das ihm angewiesene Bett ohne Widerrede einnehmen und jeden später angeordneten Wechsel sich gefallen lassen.

§ 3. Bevor er sein Bettt einnimmt oder die Hauskleidung erhält, muß er sich der nothwendig erachteten Reinigung unterwerfen.

§ 4. Eigene Betten darf der Kranke nur mit Erlaubnis des Arztes mitbringen.

§ 5. An Wäsche soll er ein reines Hemd, ein reines Unterbeinkleid und ein Paar reine Socken oder Strümpfe mitbringen, sowie ein Paar Taschentücher.

§ 6. Jeder Kranke hat, vorausgesetzt, daß der Arzt es als angezeigt findet, im Sommer um 1/2 7 Uhr, im Winter um 1/2 8 Uhr aufzustehen und sein Bett in Ordnung zu bringen. Socken, Unterhosen, Unterröcke sind vor dem Bettgehen jedesmal abzulegen.

§ 7. Nach dem Aufstehen hat sich jeder Kranke zu waschen und zu kämmen, bei den hiezu nicht Fähigen besorgt dies das Wartepersonal.

§ 8. Der Kranke hat sich überhaupt der größtmöglichen Reinlichkeit zu befleißigen. Die Fußböden und Wände dürfen nicht bespuckt oder sonst beschmutzt werden. Ebenso ist es untersagt, aus den Fenstern zu spucken, etwas hinauszuhängen. Abtritte und Badelokalitäten sind reinlich zu halten, die Abtrittdeckel sind jedesmal sorgfältig zu schließen. Außerhalb der Abtritte darf die Nothdurft nicht verrichtet werden.

§ 9. Das Tabakrauchen ist den Kranken nicht gestattet; Geldspiele sind untersagt. Ebenso ist Lärmen durch Singen, Pfeifen, Thürzuwerffen verboten.

§ 10. Den Mitkranken sind, wenn sie schwächer sind, kleinere Hülfeleistungen nicht zu versagen.

§ 11. Während der ärztlichen Visite hat jeder nicht bettlägrige Kranke an seinem Bette ruhig zu verweilen. Den ärztlichen Anordungen ist unbedingt Folge zu leisten, sowohl was die verordneten Medikamente und als auch die übrigen vorgeschriebenen Verhaltungsmaßregeln betrifft. Den Anordnungen des Wartepersonals ist Folge zu leisten. Beschwerden über dasselbe sind bei der Visite oder bei der Verwaltung, ebenso Klagen über Verköstigung oder Pflege anzubringen.

§ 12. Ohne besondere Genehmigung des Arztes dürfen die Kranken außer den ihnen zugetheilten Speisen und Getränken nichts genießen.

§ 13. Die Kranken gehen, vorausgestzt, daß der Arzt nicht ein früheres zu Bette gehen angeordnet hat, in den Sommermonaten – Mai, Juni, Juli, August – um 9 Uhr, in den anderen um 7 1/2 Uhr zu Bette. Bei Nacht hat jeder Kranke sich möglichst ruhig zu verhalten.

§ 14. Der Austritt der Kranken erfolgt nur mit Genehmigung des Arztes. Derselbe kann jedoch, wenn er mit keiner ansteckenden Krankheit behaftet ist, nicht zwangsweise zurückgehalten werden.

§ 15. Beim Austritt aus der Anstalt erhält der Kranke die abgelieferten Werthgegenstände und Kleidungsstücke gegen Empfangsbestätigung zurück.

§ 16. Öftere Übertretungen der Hausordnung können, soweit dies zulässig ist, mit Kostentziehung oder Entlassung bestraft werden.

§ 17. Das Ausgehen des Kranken ist nur mit Genehmigung des Arztes und da nur in besonderen Fällen gestattet.

§ 18. Abänderungen und Zusätze zu vorstehenden Anordnungen behält sich der Stadtmagistrat jederzeit vor.

Weiden, den 11. November 1889.
(Stadtarchiv Weiden, A II 1267)

Auch ein Speiseplan wurde sorgfältigst verfertigt, aufgeschlüsselt in »Diät«, »Viertelkost«, »Halbekost«, »Ganzekost«, Beispiel für letztere sind: zum Frühstück Kartoffel- oder Brennsuppe mit 2 Brot, oder 1/2 l. Kaffee mit 15 gr. Zucker und 1 Semmel zu 3 Pfennig, zu Mittag 1/2 l. eingekochte Suppe mit Semmel, 150 gr. Rindfleisch mit 1/2 l. Gemüse oder 200 gr. Kalb- oder anderes Fleisch, gedünstet oder gebraten mit Kartoffelspeise oder Mehlspeise, je nach Ordination. Das Abendessen bestand aus 1/2 l. eingekochter Suppe mit kleiner Zuspeise, z.B. Kälberfuß, Hirn, etc., je nach Ordination.

Vormittags, 10 Uhr, erhalten die Kranken, je nach Gutbefinden des Arztes, einen kleinen Imbiß, nachmittags 4 Uhr 100 gr. Brot oder gedünstete Zwetschgen.

Übrigens: eingekochte Suppen sind Reis-, Grieß-, Eiergerste-, Rollgerste-, Panadel-, Nudel-, Erbsen-, Linsen-, Einbrenn- oder Schleimsuppen (vgl. Stadtarchiv Weiden, A II 1267).

Zur Versorgung dieser neuen Institutionen und der Bürger dachte man allmählich auch an eine hinreichende und vor allem saubere Versorgung mit Wasser, nachdem erste Untersuchungen schon 1891 ergeben hatten, daß viele Brunnen ausgesprochen schlechtes, zum Genuß eigentlich untaugliches Wasser lieferten.

Der Stadtmagistrat faßte daher am 4. April 1894 folgenden Beschluß:

Nach eingehender Erwägung aller einschlägigen Verhältnisse und mit Rücksicht darauf, falls die Frage nicht in beschleunigter Weise ihrer Erledigung zugeführt wird, zu erwarten steht, daß das Bahnärar sich selbst mit dem nötigen Wasserquantum versorgt, wird mit Stimmeneinheit beschlossen, vorbehaltlich der noch zu fassenden Beschlüsse über die Art der Aufbringung und Tilgung der hiezu notwendigen Mittel, die Wasserversorgung der Stadt Weiden nach Maßgabe der vorliegenden Pläne und Kostenvoranschläge zu betätigen. *(Stadtarchiv Weiden, A III 1476).*

Im Jahr 1895 wurde mit dem Bau der Wasserleitung und des Reservoirs am Butterhof begonnen. Wie der folgende Brief der Gebrüder Bauscher zeigt, war auch die Industrie sehr am Wasserleitungsanschluß interessiert:

Weiden, den 11. Juni 1897
Verehrl. Stadtmagistrat Weiden.
Hierdurch ersuchen wir höflichst, den schon vor sechs Wochen, 28. April, bestellten Wasserleitungsanschluß, wie aufgegeben, bestimmt jetzt bauen lassen zu wollen. Nach zufälliger Aussage des städtischen Wasserwerksmeisters warten Sie schon länger auf dazu nothwendige Ventile. Wir bitten ergebenst, wegen dieser Ventile nicht mehr zu warten, sondern dieselben aus einer prompter liefernden Fabrik, z.B Justus Chr. Braun in Nürnberg, kommen zu lassen, denn es ist uns jeder Tag unlieb, diese Anlage vermissen zu müssen.

Hochachtungsvoll, Gebr. Bauscher
(Stadtarchiv Weiden, Bestand Sachen, Porzellan)

Die Wasserabnahme steigerte sich rasch und der ungewöhnlich heiße Sommer des Jahres 1911 zeigte die Grenzen der Versorgung auf.

1911 wurden zwei Brunnen westlich vom alten Versorgungsgebiet oberhalb der sogenannten Schweinenaab am Neuweiherweg gebohrt und provisorisch an den bestehenden Sammelbrunnen angeschlossen. Die neuen Brun-

Das städtische Wasserwerk am »Langen Steg«

nen lieferten 20 bis 25 Sekundenliter. ... Das K. Wasserversorgungsbureau arbeitete daraufhin 1912 die Pläne und Kostenvoranschläge für die Erweiterung der Wasserversorgung der Stadt Weiden aus; das Projekt wurde 1913/14 durchgeführt. ... Der Kubikmeter Wasser kostet jetzt 18 Pfennig [vorher 15]. *(aus: Die Industrie der Oberpfalz in Wort und Bild, Regensburg 1914)*

Zum Vergleich: ein Eisenbahnschaffner verdiente im Monat 158 Mark.

Auch das Städtische Gaswerk, 1901/02 erbaut, mußte bereits 1906 und dann erneut 1913 erweitert werden.

1913 mußte daher die Erweiterung des Werks mit einem neuen Kostenaufwand von 90 000 Mark durchgeführt werden; dadurch wurde die Leistungsfähigkeit des Gaswerks von 500 000 cbm auf 1 000 000 cbm Jahresproduktion erhöht.

Das Gaswerk liegt an der Bahnlinie Weiden-Hof nächst der Frauenrichter Unterführung und besteht jetzt aus einem Hauptgebäude mit Kamin, einer Ammoniakwasserfabrik und einem Verwaltungsgebäude, sowie zwei großen Gasbehältern. Die Anlage ist durch ein Industriegeleis an den Güterwagenverkehr angeschlossen. ... Im gleichen Jahr [1913] wurde die Straßenbeleuchtung verbessert durch Einführung von Niederdruckstarklicht-

In einer Urkunde von 1347 wird erstmals die Befestigung der Stadt Weiden erwähnt, die damals wohl nur aus einer Mauer und vier Toren bestand.

Blick auf den Unteren Markt und das Untere Tor. Rechts im Vordergrund das prächtige Haus der Viehhändlersfamilie Engelmann, daneben die Häuser von Metzgermeister Roscher und Kaufmann Binapfl, an der Ecke zur Unteren Bachgasse befindet sich die Eisenhandlung Kreiner, gleich gegenüber Kolonialwaren Falco. Rechts neben dem Unteren Tor die Bierwirtschaft der Familie Kellner, die 1912 in den Besitz der Familie Heigl überging.

Die städtische Gasanstalt nach der Erweiterung im Jahr 1913

lampen und durch Einführung von Fernzündung; während früher 6 Laternenwärter zum Aufzünden und Löschen der Laternen nötig waren, werden jetzt durch einen Druck vom Gaswerk aus sämtliche Straßenlaternen der Stadt entzündet und gelöscht. *(aus: Die Industrie der Oberpfalz in Wort und Bild, Regensburg 1914)*

Das Gaswerk leistete aber auch unermüdliche Öffentlichkeitsarbeit, teilweise fanden sich jede Woche Anzeigen wie diese in der lokalen Presse:

Bügeleisen mit Gasfeuerung.

Wer sauber, rasch und ohne Hitzebelästigung plätten will,

„Plätte nur mit Gas!“

Durch schnelle Erhitzung der Lauffläche des Bügeleisens gewinnt man Zeit und spart Gas.

Plättapparate sind beim Gaswerke käuflich oder auch gegen mäßige Gebühren zu mieten.

Städt. Gaswerk Weiden.

Weiden – die Max Reger-Stadt

Max Reger als Zwanzigjähriger. Er widmete das Foto »seinem Freunde Ad(albert) Lindner«.

Am 19. März 1873 wurde Max Reger in Brand im Fichtelgebirge geboren und auf den Namen Johann Josef Maximilian getauft. Im selben Jahr trat sein späterer Musiklehrer und Biograph Adalbert Lindner als Schüler in die Praeparandenschule ein. 1874 wurde der Vater Josef Reger als Lehrer an die Praeparandenschule nach Weiden berufen und zu Ostern erfolgte der Umzug der Familie in die Obere Bachgasse 6. Zwei Jahre später wurde das Schwesterchen Emma geboren, über deren plötzliches Auftauchen der kleine Maxl gar nicht begeistert war. »Trag'n mer's wieda furt« schlug er den Eltern vor. Diese Antipathie gab sich aber bald, die Geschwister sollte ihr Leben lang ein inniges Verhältnis verbinden.

Als Fünfjähriger erhielt Max Reger schon Klavierunterricht bei seiner Mutter Philomena, einer hochgebildeten Frau. Nach seiner Volksschulzeit trat er 1882 an die königliche Realschule über. Im Jahr 1884 begann sein Klavierunterricht, dem bald der Unterricht an der Orgel folgte, bei Adalbert Lindner, einem Freund der Eltern und Lehrer an der Volksschule. Der Unterricht fand statt am Pfarrplatz 4 im »Alten Schulhaus« wo Lindner seine Dienstwohnung hatte und wo sich heute die Max-Reger-Zimmer des Stadtmuseums befinden. In diesem Jahr hatte der Elfjährige seine Familie damit überrascht, daß er einen anläßlich eines Manövers gehörten Militärmarsch auf dem Klavier fehlerfrei nachspielen konnte. Er war aber kein introvertiertes Wunderkind, sondern ein richtiger Weidener Lausbub. Unter dem Häuptlingsnamen »Springender Hirsch« führte er eine wilde Indianerbande an, die bevorzugt am »Schanzl« ihr Unwesen trieb. Auch das Schlittschuhlaufen auf dem »Aichinger-Weiher« und das Fischefangen im Stadtmühlbach bereiteten ihm große Freude.

Ab dem Jahr 1886 besuchte er die Praeparandenschule, die auf das Lehrerseminar vorbereitete. 1887 hatte er seinen ersten öffentlichen Auftritt im »Gasthof zur Eisenbahn«, Adalbert Lindner berichtet darüber:

Das erste öffentliche Auftreten Regers in seiner Heimatstadt Weiden fällt schon in den Mai 1887, wobei er anläßlich eines Schülerkonzerts der Praeparandenschule als Erstkursist, ..., die große, Franz Liszt gewidmete Sonate in F Moll von Schulhoff spielte. ... Bei diesem ersten Auftreten fühlte ich meinem Schüler kurz vor seiner Nummer den Puls, fand aber, daß dieser nicht die geringste Spur von Aufregung verriet. Schier etwas verwundert darüber, sagte ich: »Nun, Maxl, es scheint, du hast gar kein Lampenfieber.«

»Nein«, sagte er, »gar keines. Aber, Herr Lehrer, ein Paar Würst hätte ich in der Tasche; die möcht' ich zuvor noch essen!« – Natürlich durfte sich mein kleiner beherzter Konzertist an den lieben Würsten, die der betreffende Wirt, bei dem das Konzert stattfand, allerdings in hervorragend guter Qualität herzustellen verstand, weidlich gütlich tun. Ein umso schöneres, feurigeres Spiel war die Wirkung dieser Vergünstigung. *(Adalbert Lindner, Max Reger, Stuttgart 1923)*

Schon ab 1886 hatte Max Reger den Gottesdienst in der Stadtpfarrkirche auf der Orgel begleitet:

Die Betätigung Regers als Organist seiner Heimatkirche dauerte drei Jahre, von 1886 bis 1889. In der Regel spielte er an den Sonn- und Festtagen im vormittägigen Hauptgottesdienst und in der Vesper. An den Wochentagen kam er seltener auf den Chor. *(Adalbert Lindner, Max Reger, Stuttgart 1923)*

Als Fünfzehnjähriger komponierte Reger sein erstes Werk, eine Ouvertüre in h-moll.

Ein Jahr später bestand er die Aufnahmeprüfung für das Schullehrerseminar in Amberg, aber Adalbert Lindner konnte es bei den Eltern durchsetzen, daß Max Reger Ostern 1890 zum Studium nach Sondershausen an das Konservatorium zu Professor Hugo Riemann wechseln durfte.

Sondershausen, 11.4.1890. Nun sind wir hier. Als ich am Bahnhof ausstieg, stand Herr Dr. Riemann und sein Kleinster (Hansl) da und erwarteten mich. Dann gingen wir in seine Wohnung, wo ich erst essen mußte, und dann führte er mich in meine Wohnung, die er mir besorgt hatte. Ich habe die Wohnung also sozusagen als Zimmerherr gemietet, muß also mittags im Hotel speisen, allein, das gibt es nicht. Ich muß bei Herrn Doktor mittags essen. Herr Doktor ist gegen mich die Freundlichkeit selbst. Alle anderen holte er nicht ab, alle anderen müssen im Hotel essen. ... Daß ich Wohltemperiertes Klavier spielen möchte, freute ihn. Er wird dasselbe nächste Woche mit mir beginnen. Sie glauben gar nicht, wie Herr Doktor sich meiner annimmt. So z.B.: ich belege nicht Soloklavier und doch habe ich auf Herrn Doktors spezielles Verlangen Klavierstunde (zwei wöchentlich) bei Herrn Doktor bekommen, als wenn ich Soloklavier wirklich belegt hätte. *(Brief Max Regers an Adalbert Lindner)*

Im selben Jahr noch ging Hugo Riemann an das Konservatorium Wiesbaden, Reger mit ihm. Schon bald wurde er berufen, neben seinen eigenen Studien Unterricht in Klavier und Orgel und Musiktheorie zu erteilen. 1892 erscheinen im Verlag Augener in London die ersten Werke Max Regers im Druck und 1894 werden erstmals Werke aus seiner Feder bei einem Konzert der Berliner Singakademie aufgeführt.

Im Oktober 1896 mußte Reger in Wiesbaden seinen Militärdienst

Max Reger am Flügel

ableisten. Er verletzte sich bei einem Sturz auf der Kasernentreppe. Seine Leiden wurden noch vermehrt, als ein Arzt in Hals und Mund eine »Strahlenpilzwucherung« vermutete.

Körperlich und seelisch stark angeschlagen holte ihn im Juni 1898 seine Schwester Emma nach Weiden zurück.

Der Hausarzt Dr. Bernhard Rebitzer konnte ihn bald heilen und ein Musikwissenschaftler überlieferte, daß sich in den drei Weidener Jahren bis 1901 ein geradezu orkanartiges Schaffen Max Regers vollzog. Bis opus 64 entstanden alle Werke in Weiden.

Im Jahr 1901 zog die Familie Reger nach München, wo sich der Komponist ein neues Betätigungsfeld schaffen wollte. Der Kontakt zu Weiden und vor allem den Freunden Dr. Bernhard Rebitzer und Adalbert Lindner riß aber nicht ab.

München, 22.11.1901. Lieber Freund es hat mich sehr gefreut, daß der Stammtisch in Weiden meiner gedenkt ...Heute abend habe ich im »deutschen Festabend« den alten Gura zu begleiten; na, das wird ein großer Radau werden; es ist eine eminent patriotische Geschichte mit allem möglichen Zeug und entsetzlich teuren Eintrittspreisen! Sonst ist voraussichtlich am 4. Januar ein Liederabend des ausgezeichneten Sängers Heß mit mehreren Reger-Liedern, den ich begleiten werde, dann ebenfalls Anfang Januar

Max Reger mit dem Meininger Hoforchester

ein Reger-Liederabend , den Loritz singt und wo ich wieder begleiten werde, dann gibt eine Pianistin aus Köln anfangs Januar einen Klavierabend, wo sie viel von mir spielen wird, und einmal werde ich noch diesen Winter beim Hösl-Quartett spielen. ... Von mehreren Leipziger Verlegern bekam ich Verlagsanerbieten, welche ich akzeptierte. ... Schüler habe ich zwei; ... Nun Schluß, ich muß mich umziehen in »Frack«! Weißt Du, ich glaube, Du müßtest lachen, wenn Du mich hier fast meistens in Zylinder und Chapeau claque herumrennen sähest, aber man ist hier darin entsetzlich kleinlich. *(Brief Regers an Bernhard Rebitzer).*

Am 27. Oktober 1902 vermählte sich Reger mit Elsa von Bagenski, am 2. Mai 1905 begann seine Tätigkeit als Lehrer an der königlichen Akademie der Tonkunst. Die Konzertverpflichtungen häuften sich.

Essen (Ruhr), 7.1.1905. Liebes Weiberl! Gestern abend ein großer, unbestrittener Erfolg; der Abend ist von größter Bedeutung für mich gewesen. Glänzende Kritiken über hier.

s'Gravenhage, 15.2.1907. Die Holländer sind regertoll; fast jeden Abend wird hier was von mir aufgeführt! Selbst in Brüssel fangen jetzt die Reger-Abende schon an! Ich bin hier entzückend aufgenommen. Baron van Zuy-

Karikatur »Max Reger« von Wilhelm Thielmann, 1913

len, der heute selbst mitspielt in Serenade Op.95, hat mich einfach mit Liebenswürdigkeit überschüttet !! ... Heute abend im Konzert bekomme ich mindestens fünf Lorbeerkränze! Soviel sind bestellt, wie ich zufällig erfahren habe!

Amsterdam, 16.2.1907. In Haag kolossaler Erfolg; sechs Lorbeerkränze; alle Kritiken über mich als Komponist, Dirigent, Klavierspieler glänzend; ... *(Briefe Max Regers an Elsa Reger)*

Am 19. Februar 1907 wurde Reger vom akademischen Senat der Universität Leipzig zum Universitätsmusikdirektor gewählt und die Familie zog um. Sie führte in Leipzig ein gastfreundliches Haus, das die Freunde scherzhaft »Hotel zum verflixten Kontrapunkt« nannten. Im selben Jahr wurde die Tochter Christa, ein Jahr später die Tochter Lotti adoptiert.

1911 ernannte der Herzog von Coburg-Gotha Reger zum Hofrat und zum Leiter der Meininger Hofkapelle, was wieder einen Umzug der »Regers« bedeutete. Im Winter 1911/12 gab Reger 115 Konzerte.

Im März 1915 übersiedelte die Familie nach Jena.

Am 10. Mai 1916 fuhr Reger nach Leipzig und gab den Tag über Unterrichtsstunden am Konservatorium. Den Abend verbrachte er mit Freunden. Kurz nach 23 Uhr überfiel ihn ein heftiges Unwohlsein. Am Morgen des 11. Mai fand ihn der Arzt tot in seinem Hotelzimmer.

Weiden verlor nie den Bezug zu seinem großen Sohn, wie auch ein Zeitungsbericht zu seinem 40. Geburtstag zeigt.

Einer der größten Musiker unserer Zeit, Max Reger, feierte am Mittwoch seinen 40. Geburtstag ... Rückblick und Ausschau auf sein Schaffen mögen daher gerade heute am Platz sein. ... Dieser Mann ist eine äußerst komplizierte Natur – darin ein ganz moderner Mensch – und die Kompliziertheit seiner Tonsprache etwas ihm Angeborenes. Aber noch mehr als diese gibt seine unerhört freie Harmonik den Stein des Anstoßes für viele. Und doch ist sie etwas absolut Logisches, und wer sie als das nimmt, was sie ist, als ein Mittel des Kolorits, wird vor ihr mit nicht mehr Staunen verweilen, als vor den in der Absicht ähnlichen Mitteln der impressionistischen Malerei. ... Trotzdem ist Reger ein großes melodisches Talent und es gibt nicht viele, die ihn seine großen Melodiebögen nachmachen können. ... Auf seinen bisherigen Pfaden stehen kraftvolle Zeichen seiner Größe: imponierende Orgelwerke, die Schöpfungen für zwei Klaviere und andere Kammermusik, die Hillervariationen, die romantische Suite, der 100. Psalm und köstliche Lieder. Die sichern ihm schon heute den hervorragenden Platz in der Musikgeschichte. ... Regers Leben ist die Geschichte seiner Arbeit und die großen äußeren Erfolge der letzten Jahre haben daran nichts geändert. Vor zehn Jahren war er ein Unbekannter, heute ist er ein mit Ehren überhäufter Musiker. *(aus: Weidener Anzeiger vom 23. März 1913)*

Pfingstrosen. Gemälde von Antonie Vierling, 1882–1945.
Sie studierte, ungewöhnlich für eine Frau zu dieser Zeit, an der Kunstakademie in München und erwarb den Titel einer akademischen Malerin. Ihre ungewöhnliche Karriere setzte sie 1919 auch im politischen Bereich fort: in diesem Jahr durften in Bayern Frauen erstmals das aktive und passive Wahlrecht ausüben. Antonie Vierling kandidierte für die Stadtratswahl und wurde Weidens erste Stadträtin.

Weiden feiert

Die Weidener feierten gerne und am liebsten im Verein. 1904 bestanden 91 Vereine bei 12 000 Einwohnern.

Dabei war die Bandbreite ungeheuer groß: es gab sportlich orientierte Vereine, wie den Athletenclub, den Turnerbund, den Ring- und Stemmclub Hercules und die vielen Schützenvereine, es gab »Zweckvereine« wie die zahlreichen Losvereine mit so phantasievollen Namen wie Amora, Fortuna, Glückauf, Goldgrube, Hoffnung, Pechvogel, oder den Sparverein, den Gewerbeverein und den Verschönerungsverein. Auch Berufsgruppen bildeten eigene Vereine, so die Eisenbahner mit ihrem Wagenwärter- und Bremsergehilfenverein oder dem Lokalverein der Lokomotivführer Weiden. In der Binnenstadt Weiden hatte sich auch eine Ortsgruppe des deutschen Flottenvereins begründet. Die Konfessionen schlugen sich katholischerseits im Mütterverein, Arbeiter- und Arbeiterinnenverein, Gesellenverein, Lehrlingsschutzverein und Männerverein nieder, die Protestanten hatten ihren Männer- und Jünglingsverein. Sehr beliebt waren sogenannte »Geselligkeitsvereine«, die offen zugaben, keinen anderen Zweck als den der Pflege des geselligen Beisammenseins zu haben. Sie hießen »Casino-Gesellschaft«, Club-Gesellschaft Karpfen, Geselliger Verein Allotria, Frohsinnverein, Rauchclub, Zwanzgerlclub, Gesellschaft »Weil's gleich ist«. Krieger- und Veteranenvereine waren stark vertreten, ebenso wie musikalische Vereine, der älteste und traditionsreichste war der Liederkranz, dann hatten sich Arbeiter-Gesangvereine gebildet, es gab den Gesang- und Orchesterverein, den Sängerbund. Um 1910 kam es auch zur Gründung eines Fraueninteressenvereins, der ungemein aktiv war. Dies kann nur ein kleiner Ausschnitt aus der variationsreichen Weidener Vereinslandschaft sein. Über das Jahr verteilt, boten sie ein reiches Veranstaltungsprogramm.

Liederkranz Weiden.

Zum 59. Stiftungsfest-Konzerte am Sonntag den 5. Dezember im Ankersaale werden hiemit sämmtl. verehrl. Vereinsmitglieder höflichst eingeladen.

Beginn des Konzertes um 8 Uhr.

Der Ausschuß.

Rauchklub „Deutsche Eiche".

Kommenden **Sonntag, den 28. Juni 1914** findet in der Gastwirtschaft „Deutsche Eiche"

Garten-Fest mit Konzert

Preiskegelscheiben und Taubenstechen statt. Beginn des Preiskegelscheiben Samstag abend [illegible] Uhr.

Hierzu werden sämtliche Rauchklubbrüder, Freunde und Gönner freundlichst eingeladen.

Eintritt 20 Pfennig. Der Ausschuß.

Weiden, 4. Okt. Die meisten hiesigen Vereine, bei denen das rasche Anwachsen der hiesigen Bevölkerung in der zunehmenden Zahl ihrer Mitglieder sich geltend macht, waren bisher mit ihren Unterhaltungen auf die Rathhauslokalitäten angewiesen, welche ihnen vom Stadtmagistrat gegen entsprechendes Entgeld zur Benützung überlassen wurden. Der große Rathhaussaal, obwohl das bei weitem größte Lokal, konnte aber doch in vielfacher Hinsicht nicht genügen, da er eben für Konzerte und theatralische Veranstaltungen nicht gebaut und eingerichtet ist. Mit vielseitigem Interesse wurde es daher begrüßt, als sich Herr Gollwitzer, der Besitzer des »Anker«, entschloß seinen Gasthof durch einen Saalbau zu vergrößern. Dieser Bau steht nunmehr vollendet da, und man darf wohl sagen, daß er allen Erwar-

tungen vollauf entspricht, ja sie übertrifft. Hinsichtlich der Raumverhältnisse wird der Saal, der ca. 700 Personen bequemen Platz zu bieten vermag, allen Anforderungen und Bedürfnissen auf absehbare Zeit hinaus reichlich genügen; volles Lob verdient die überaus praktische Eintheilung wie nicht minder die geschmackvolle, sinnige Malerei. Kurz und gut, Herr Gollwitzer hat etwas Prächtiges geschaffen; es verfügen nunmehr die hiesigen Gesellschaften über einen Saal, um den uns zu beneiden, wohl manche weit größere Stadt Ursache haben mag. ...

Am nächsten Samstag wird, wie wir hören, der Veteranen-Verein Weiden I die Reihe der Unterhaltungen in dem neuen Saale eröffnen. *(aus: Weidener Anzeiger vom 4.10.1897)*

1906 wurde das Brauhaus vor dem oberen Tor an die Ankerbräu GmbH verkauft. In der folgenden Zeit wurde es zum »schönsten Lokal Weidens« umgebaut, mit modernen und komfortablen Restaurationsräumen, großem Saal mit Bühne, Gartensaal und Nebensaal, die genauso für große Festlichkeiten und kulturelle Veranstaltungen angeboten wurden wie die Sommerterrasse.

Das »Anker« sollte zu einem der beliebtesten Veranstaltungslokale werden:

Weiden, 11. Oktober. Bei dem gestrigen Familienabend des evang. Männer und Jünglingsvereins, dem ersten im neuerbauten Ankersaale, war der weite Raum bis auf den letzten Platz gefüllt. Von allen Anwesenden gemeinsam gesungene Lieder bildeten nach herkömmlicher Weise gleichsam den äußeren Rahmen der Unterhaltung. In erster Reihe stand ein umfassender Vortrag; der zweite Theil des Abends brachte hauptsächlich musikalische Genüsse, indem exakt eingeübten Männer- und gemischte Chöre, Duette und Soli in reicher Abwechslung zu Gehör gebracht wurden. Besonders erfreuten drei junge Damen mit ihren frischen, klaren und wohllautenden Stimmen die Zuhörer, welche ihnen durch reichen und wohlverdienten Beifall lohnten. Die Unterhaltung kann somit als eine äußerst gelungene bezeichnet werden und wird gewiß bei den Theilnehmern in angenehmer Erinnerung bleiben. *(aus: Weidener Anzeiger vom 12.10.1897)*

Weitere sehr beliebte Lokale waren der »Gasthof zur Eisenbahn« in der Bahnhofstraße, die Altdeutsche Weinstube an der Ecke Oberer Markt/Pfannenstielgasse, das Gasthaus Fichtenbühl, das Hotel Post am Oberen Markt, das Café Harbauer an der Sedanstraße, das Hotel Wittelsbach in der Maxstraße, das Hotel Friedenfels, ebenfalls in der Maxstraße, der Churpfälzer Hof am Oberen Markt, der »Schwarze Bär« am Schlörplatz, das Josefs- und das Vereinshaus, das Gasthaus Zur Waldnaab.

Die Weidener Sportvereine waren in dieser Zeit um die Jahrhundertwende ungemein aktiv:

Weiden. Am letzten Sonntag hielt der Radfahrclub »Corona« in der Richtung gegen den »Postkeller« seine sog. Fuchsschwanzjagd ab, welche mit dem Resultat verlief, daß die Träger Sieger blieben. Meister Petrus hatte diesmal Einsicht; indem er sein großes Wasserloch geschlossen hielt, sodaß diese Veranstaltung vom schönsten Wetter begünstigt war. Im Anschlusse hieran wurde abends in den Lokalitäten des »Friedenfels« eine gesellige Unterhal-

In der Wirtschaft »Zum Graben« im Jahre 1874.
1. Aichinger Simerl, Sohn des Zinngießers und Bürgermeisters Matthias Aichinger. 2. Kuhn Christian, Besitzer »Zum Graben«. 3. Ketnath, Spengler. 4. Zwack Andreas, Kuhn'scher Braumeister (um 1863) von 1873-1876 auf der Grabenwirtschaft. 5. Höllerer Ludwig, Sattlermeister. 6. Roscher Georg, Zimmermeister. 7. Sparrer, Pröls genannt, Wirt »Zur Krone«. 8. Peregrinus Arnold, Lokführer

Bayerische
Baugewerks-Berufsgenossenschaft.

SPEISEN-ZETTEL
für das
gemeinschaftliche Mittagsmahl
der Herren Vorstandsmitglieder
am Freitag, den 28. August 1891
Mittags 1 Uhr
bei Gelegenheit der an diesem Tage stattgehabten Sitzung
des Gesammtvorstandes.

Krebs-Suppe.
Forellen blau mit Butter und Kartoffel.
Filet garnirt.
Bries-Pastetchen.
Rebhühner mit Salat
und Compot.
Gefrornes.
Käse und Butter.

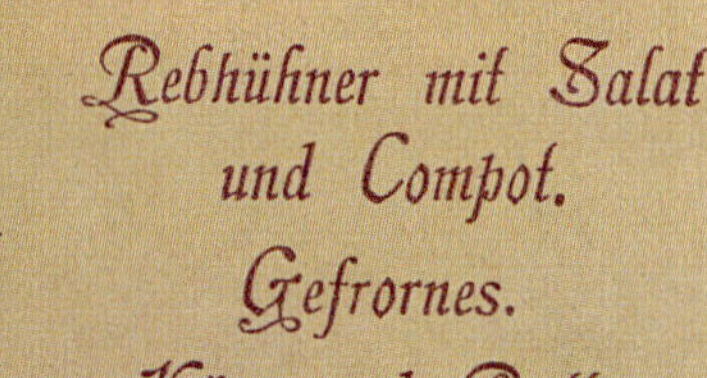

Speisekarte für ein »gemeinschaftliches Mittagsmahl« der Vorstandsmitglieder der Bayerischen Baugewerk-Berufsgenossenschaft im Hotel Post am 28. August 1891. Die Herren verstanden es zu speisen!

Dem Liederkranz Weiden gehörten viele Weidener Honoratioren an, seine Aufführungen waren Höhepunkte im kulturellen Leben der Stadt.

Der Turnverein Weiden, Damen-Riege 1914

tung verbunden mit Tanzbelustigung arrangiert und verdient aus diesem Anlasse hervorgehoben zu werden, daß der neugegründete theatralische Club »Humor« die Güte hatte, gefälligst mitzuwirken und es verstanden hat, mit guter Musik und ergötzlichen Gesangsvorträgen jeden Anwesenden auf das vortrefflichste zu befriedigen. Es wird daher schon jetzt dem Club »Humor« für seine Leistungen gebührende Anerkennung gezollt. *(aus: Weidener Anzeiger vom 30.10.1902)*

Weiden, 23. Juli: Die hiesige Sportvereinigung »Olympia« arrangiert kommenden Sonntag, den 26. Juli bei jeder Witterung große leichtathletische Wettkämpfe auf dem schön gelegenen Sportplatz Hammerweg, der uns für dieses Fest vom hiesigen Turnerbunde in liebenswürdiger Weise überlassen wurde. Es sollte sich diese Gelegenheit kein Sportfreund Weidens und Umgebung entgehen lassen, diese olympischen Spiele zu verfolgen ... *(aus: Weidener Anzeiger vom 24.7.1914)*

Ein wichtiges Ereignis in jedem Jahr war auch das Volks- und Schützenfest, das zunächst der Gewerbeverein und später dann die Kgl. Privilegierte Feuerschützen-Gesellschaft seit 1897 veranstalteten.

Die Weidener wurden aber nicht nur von ihren Vereinen unterhalten. Es gastierten Theatertruppen, Orchester und Sänger gaben Proben ihrer Kunst, Zirkusvorstellungen sorgten für wohliges Schaudern beim Anblick wilder Tiere.

Weiden, 1. Nov. Einen sehr vergnügungsvollen Abend bereitete gestern im Casinolokale des Hotels »zur Post« Herr Weigand aus Würzburg durch seine humoristischen Vorträge. Daß der »fidele Franzl« hier in einem guten Rufe steht, bewies der zahlreiche Besuch. Vielgespendeter Applaus zeigte auch von der vollen Zufriedenheit des Publikums über dessen humorvolle Leistungen.

Das Theater im Saale des Gasthofs »zur Eisenbahn« des Herrn Telle aus Prag hatte zwar auch ein vollbesetztes Haus zu verzeichnen, doch hat dasselbe beim hiesigen Publikum wenig Anklang gefunden, denn vielfach gehörte Mißstimmungen hierüber geben Zeugnis von Erwartungen besserer Leistungen. *(aus: Weidener Anzeiger vom 3.11.1897)*

Die Weidener waren also nicht nur ein eifriges, sondern ebenso ein kritisches Publikum!

Seit 1899 war ihnen auch das neue Wunderwerk des Kinematographen nicht mehr fremd. Im Weidener Anzeiger vom 2. März 1899 fand sich folgendes Inserat:

Gasthof zum Anker.

Mittwoch, 1. März und folgende Tage, Nachm. 4 u. 5. Uhr, sowie Abends 7 und 8 Uhr Vorstellung:

„Die lebende Photographie."

Das Wunder des 19. Jahrhunderts.

Lebende Scenen aus allen Welttheilen in vollständigster Naturtreue dargestellt durch den verbesserten

Kinematograph.

Hunderte von Personen bewegen sich auf einer weißen Fläche gerade so wie wirklich lebende Menschen, ein jeder, der es sieht, ruft aus „Wunderbar."

1. Platz **50** Pfg., 2. Platz **30** Pfg., Kinder die Hälfte.

Nur einige Tage. **Täglich neues Programm.**

Eine Gelegenheit zum Feiern, die nicht ungenutzt bleiben durfte, bot natürlich der Fasching, der gegen Ende des letzten Jahrhunderts von der Turnerfeuerwehr und Professor Georg Krauß geprägt wurde. Er war Eigentümer einer Lithographieanstalt in Weiden, gleichzeitig Lehrer an der Realschule und ein Künstler von hohem Rang. In zahlreichen Gemälden und Zeichnungen überlieferte er das Bild Weidens und seiner Umgebung in dieser Zeit.

Auch einen Carnevalsverein gab es schon in Weiden und dieser hatte sich für das Jahr 1900 einen ungewöhnlichen Faschingszug vorgenommen. In Anlehnung an den sich gerade in Südafrika abspielenden Burenkrieg veranstaltete man einen »Burenzug«. Dr. Curt Schuster berichtete als Augenzeuge:

Da sah man einen stadtbekannten Weidener Bürger, ohne daß es einer besonderen Maske bedurft hätte, würdevoll als Ohm Krüger, dem allseits geachteten Präsidenten der Burenrepublik, im Wagen daherfahren, angetan mit dem charakteristischen Zylinderhut auf dem seinen fernen Vorbild täuschend ähnlichen Kopf. Ihm folgten hoch zu Roß die anderen Burenführer, als besonders markante und ruhmvolle Gestalt stellte ein Metzgermeister aus der Maxstraße den General Cronje dar, den begeistert begrüßten Sieger über die Engländer in manchen Schlachten und Gefechten. Man sah aber auch den, dem er endlich doch unterliegen sollte, den englischen Oberbe-

»Offizielle Festpostkarte« anläßlich des Weidener Volks- und Schützenfestes 1912.
Im Jahr 1897 war das erste Volksfest auf dem Platz hinter der Jahnturnhalle abgehalten worden. 1899 wurde das Schützenhaus mit Schießstand auf den Eglsee-Wiesen an der Vohenstraußer Straße errichtet, 1900 fand dort das erste gemeinsame Volks- und Schützenfest von Gewerbeverein und der kgl. priv. Feuerschützengesellschaft statt.

Das elegante Hotel Post am Oberen Markt war der Schauplatz vieler gesellschaftlicher Veranstaltungen, sein prächtiger Saal sah glanzvolle Feste. Im Jahr 1695 war die Poststation dorthin verlegt worden, daher begründet sich der Name. In alter Zeit hatte es den Namen »Goldener Adler« geführt.

Im Fasching 1907 führte der Liederkranz die Operette »Die Geisha« auf, die die Liebe des Schiffsoffiziers Reginald Fairfax zur schönen Geisha Mimosa-San zum Thema hat.

fehlshaber Lord Roberts, einen alten Herrn, der in Haar und Barttracht dem englischen General verblüffend ähnlich in der Maxstraße sein friedliches Geschäft in nächster und bester Nachbarschaft zu seinem Burengegner betrieb. Die Burenartillerie fuhr mit sechsspännigen Geschützen einher, von den Zimmer- und Wagnermeistern der Stadt höchst naturgetreu angefertigt. Der lange Tom, das allen bekannte Riesengeschütz, durfte dabei auch nicht fehlen; unheimlich drohend rollte dahinter her der Möbelwagen, der einzige, den es in Weiden gab, als englischer Panzerwagen mit Tarnfarben bemalt, und noch lange nachher fuhr der so gefährlich mit Kanonen ausgestattete Kasten mit friedlichem Bettzeug und Möbeln bepackt zu Umzugszeiten durch die Straßen. Da sah man auch einen englischen Heerführer, den die Buren eingeschlossen und monatelang belagert hatten, höchst jammervoll in einem Käfig sitzen. General Buller, ein in Deutschland wenig rühmlich bekannter englischer General, ritt auf einem Schaukelpferd mit Papierhelm und Holzsäbel. Hinter ihm, ebenso beritten und ausgerüstet, die englische Kavallerie. Daran schloß sich der lange Zug des Burenvolkes mit großen Planwagen, von den Ochsen des Viehhändlers Engelmann gezogen. Jubelnd begrüßt wurden die Burenfrauen und Kinder, die in den Wagen saßen, während die Männer und Buben kriegerisch mit ernsten Mienen daneben her schritten, auf dem Kopf den großen Buren-Schlapphut, um die Brust Patronengürtel und Gewehr.

Im Jahr 1902 gab es in Weiden schon zwei Faschingszeitungen, hier ein paar Kostproben:

Welches ist in Weiden der größte Automat? – Das Rathaus, wenn man auf das Dach einen Stein wirft, kommt unten ein Polizeidiener heraus. (Die Polizei hatte ihre Dienststelle früher im Rathaus).

Stoßseufzer eines Lehrers bei einem schlechten Glas Bier: Das Bier hat denselben Fehler wie ich. – Warum? – Es hat zu wenig Gehalt.
Bauern-Gmoa. Morgen Sitzung über Gas-, Schlacht-, Rat-, Schul-, Pfand- und sonstige Häuser; hiebei soll endlich Klarheit darüber geschaffen werden, wo diese Häuser hingestellt werden. Es ist geplant, sämtliche Häuser auf Rädern zu erbauen, damit dieselben auf jeden einzelnen Wunsch wo anders hingestellt werden können.
Der verschobene Burgamoasta
(Stadtarchiv Weiden, Bestand Sachen, Fasching)

Ausgiebigst gefeiert wurden von den königstreuen Weidenern natürlich »Allerhöchste« Geburtstage und »Namensfeste«:

Weiden, 2. Nov. Wie uns erzählt wurde, fand gestern Abends, am Tage von Allerheiligen, aus Anlaß des Namensfestes S. kgl. Hoheit des Prinz-Regenten Luitpold von Bayern im hiesigen kath. Gesellenhause ein Konzert, ausgeführt von der hiesigen Stadtkapelle, zu welchem auch die hiesigen Veteranenvereine eingeladen waren, statt. Die herrlichen Musikstücke, welche die Kapelle des Herrn Pschübel zum Vortrage brachte, fanden uneingeschränktes Lob und verlief der Abend in sehr gemüthlicher animierter Stimmung. *(aus: Weidener Anzeiger vom 3.11.1897)*

Weiden, 7. Jan. Die Feier des Geburtstagsfestes Seiner Majestät des Königs Ludwig III. verlief in durchaus würdiger Weise. Der Einladung der städt. Kollegien war die Einwohnerschaft freudig gefolgt. Sowohl an dem Fackelzug mit anschließender Serenade wie an der Festfeier im Ankersaale war die Beteiligung stark. Der Anregung, die Fenster zu beleuchten, wurde Folge gegeben und insbesondere der Marktplatz war von einem Lichtmeer überflutet. Die Huldigungsansprache im Ankersaal hielt Herr rechtsk. Bürgermeister Knorr, nachdem er schon vorher am Rathaus die tausendköpfige Menschenmenge zu einem Hoch auf den hohen Jubilar aufgefordert hatte. Im Laufe des Abends wurde ein Huldigungstelegramm an den König abgesandt. Der Liederkranz Weiden, wirksam unterstützt von der Stadtkapelle, half an dem Gelingen der Feier erfolgreich mit. *(aus: Weidener Anzeiger vom 8.1.1914)*

Portrait des Weidener Kaufmanns Rudolf Aichinger. Gemälde von Friedrich Roscher, 1890–1968. Stadtmuseum Weiden
Schon im Alter von acht Jahren begann Roscher zu malen, ab 1910 besuchte er die Münchener Kunstakademie. Es folgten Studienaufenthalte in Florenz, Rom und Paris, Roscher wurde zum angesehenen »Gesellschaftsmaler«. Unter anderem portraitierte er Königin Wilhelmina von Holland, König Ludwig III. und Königin Therese von Bayern und Papst Benedikt XV. 1925 verließ er Europa und ging nach Amerika. Neben seiner großen Karriere als Maler war Roscher auch ein anerkannter Wissenschaftler, Volkswirt und Erfinder. Ein Schiffsmodell von ihm wurde patentiert.

Weiden kauft ein

Die Haupteinkaufsgegenden blieben lange Zeit die Altstadt rund um das Rathaus und die Straßen in der nahen Umgebung wie die Sedan-, die Wörth- und die Maxstraße. Die Geschäfte waren durchwegs gut sortiert und es gab Ansätze für das, was man in unserer Zeit »Kaufhäuser« nennen würde.

Viele Firmen waren noch Traditionsbetriebe, die teilweise schon 100 Jahre oder länger in Weiden ansässig waren, so die Firmen Hut Keimel, Glas Sonna, Kupferschmied Müller, Eisen-Knorr, Metzgerei Schärtel, Bäckerei Merkl, und andere.

Auch in dieser frühen Zeit wußte man schon um die Macht der Werbung und es haben sich eine Vielzahl von Inseraten erhalten.

Das Kaufhaus Aichinger am Eingang der Oberen Bachgasse bot alles, was das Herz begehrte.

Auch vor 100 Jahren hatten die Geschäfte allerdings mit der bösen Konkurrenz zu kämpfen, wie ein Aufruf aus dem Weidener Anzeiger vom 17. November 1897 zeigt:

Beim Oberen Tor luden die »größte Ochsenmetzgerei am Platze« Erhard Weishäupl und das Herrenkonfektionsgeschäft Josef Wilmersdörfer zum Einkauf ein.

Weiden, 16. Nov. (Kauft am Platze!) In neuerer Zeit treten die Versandtgeschäfte mit ihren verlockenden Reklamen in bedenklichem Maße hervor. Da werden Offerten gemacht, mit den kühnsten Versprechungen. Abbildungen von einem Meer von Häusern und einem halben hundert von Fabrikschornsteinen versetzen den gutmüthigen Leser in den Glauben, der menschenfreundliche Versender sei der Inhaber einer großen Fabrik. »Der Zwischenhandel vertheure unnöthig die Waaren« und ähnliche Phrasen werden aufgewendet, um den kaufenden Publikum den Bezug seiner Bedürfnisse aus der Ferne anzuempfehlen. Sieht man sich aber näher an, so findet man, daß die Versender dieser verführerischen Anpreisungen durchweg selbst »Zwischenhändler« sind und zwar zu den Trägern des wirthschaftlich nicht berechtigten Zwischenhandels zählen, der die Waaren mit unnöthigen Spesen vertheuert, und da zu ernten sucht, wo er nicht gesäet hat. Zu mindestens gleichen Preisen kauft man die Waaren auch bei uns, jedenfalls aber nur in soliden Qualitäten. Glaube daher Niemand, daß ein Versandthaus billigere oder bessere Waaren liefern kann, als unsere einheimischen Kaufleute. Mehr denn je ist die Mahnung gerechtfertigt, »man kaufe am Platze«, man berücksichtige bei Deckung seines Bedarfs in erster Linie seine Mitbürger, denen man näher steht und die jedenfalls mehr Vertrauen verdienen, als der Fremde in der ferne, den man nicht kennt und von dem man nicht weiß, wie er sich im Falle eines Anstandes verhalten wird.

Gerne besuchten die Weidener auch die Wochen- und Jahrmärkte, die überaus traditonsreich waren. Der Wochenmarkt ist schon für 1367 zu belegen, seine Termine waren und sind Mittwoch und Samstag, die

An der Ecke Judengasse/Oberer Markt bot der Konditor Alexander Steuber, dann der Drogist Michael Wirth seine Waren feil, ihm gegenüber war der Kaufmann Gottfried Mühldorfer angesiedelt. Dann folgten der Metzger Karl Gollwitzer, der Rotgerber Christian Meißner, der Hutmacher Georg Keimel, der Buchbinder Friedrich Roscher und die Weinhandlung mit Altdeutscher Weinstube von Heinrich Borscht.

Jahrmärkte wurden 1396 als Privileg verliehen. 1905 wurde eine Jahrmarktsordnung erstellt:

§ 1: In Weiden werden jährlich, wie bisher, 6 Jahrmärkte abgehalten und zwar: 1. Am dritten Fasten-Sonntag (Sonntag vor Mittefasten), 2. Am dritten Sonntag nach Ostern (Sonntag Jubilate), 3. Am vierten Sonntag im Juli, 4. Am Sonntag nach Michaeli, 5. Am Sonntag vor Advent, 6. Am vierten Advent-Sonntag.

Das Warenangebot für den Wochenmarkt war genau festgeschrieben:

Gegenstände des Wochenmarktverkehrs sind:
1. rohe Naturerzeugnisse mit Ausschluß des größeren Viehes
2. Fabrikate, deren Erzeugung mit der Land- und Forstwirtschaft, dem Garten und Obstbau oder der Fischerei in unmittelbarer Verbindung steht, oder zu den Nebenbeschäftigungen der Landleute der Gegend gehört, oder durch Taglohnarbeit bewirkt wird mit Ausschluß der geistigen Getränke
3. Frische Lebensmittel aller Art
(Viktualienmarktordnung vom 8. September 1892, Stadtarchiv Weiden, Bestand Sachen, Märkte)

Daneben gab es noch Spezialmärkte für den Viehverkauf, wie den Schweinemarkt, der auf dem Marktplatz beim Schlachthof in der Neustädter Straße abgehalten wurde.

Die Firma Pöllmann am Oberen Markt gleich neben der ev.-luth. Stadtpfarrkirche St. Michael, bekannt für ihre hochwertigen Gold- und Silberwaren und ihre qualitätvollen Uhren.

Das Kaufhaus Albert Sebald in der Maxstraße bot ein überaus elegantes Bild. Sein Angebot umfaßte Kurz-, Galanterie-, Weiß- und Wollwaren, außerdem Haushalt-, Reise- und Sportartikel. Es gab Spezialabteilungen für Damenputz und Trauerwaren und »sehenswerte Ausstellungen in Spielwaren, Geschenkartikeln und Christbaum-Schmuck«.

Im Jahr 1905 kam es zu einer sensationellen Neuerung:

Weiden, 14. Nov. (Städt. Seefischmarkt.) Wie unsern Lesern bereits bekannt, beschlossen die städtischen Kollegien die Errichtung eines Seefischmarktes. Diese zeitgemäße Einrichtung ist ein erfreuliches Zeichen der Fürsorge unserer Stadtverwaltung, sie erweist damit der Gesamtbevölkerung im Hinblick auf die hohen Fleischpreise einen schätzbaren Dienst. Die Fische, die in Eispackung in frischer Ware mittelst Eilgut jeden Freitag in der Frühe hier ankommen, werden Vormittags von 8–12 Uhr im ehemaligen Meißnerhaus (der kath. Kirche gegenüber) zu festen, vom Stadtmagistrat normirten Preisen verkauft. Im Allgemeinen werden nur billige Sorten im Preise von 25–40 Pf. das Pfund bezogen, bessere Sorten sind bei vorheriger Bestellung aber gleichfalls erhältlich. Zu diesem Zwecke ist im Verkaufslokal eine Preisliste sämtlicher Fischsorten angeschlagen und werden Bestellungen für den kommenden Freitag entgegen genommen. Die Seefische stehen bekanntlich dem besten Ochsenfleisch an Nährwert nicht nach und bei richtiger Zubereitung bilden sie nicht nur eine sehr nahrhafte, sondern auch außerordentlich schmackhafte und gut bekömmliche Nahrung. Rezepte für die Zubereitung der verschiedenen Fischarten werden im Verkaufslokal gratis abgegeben. *(aus: Weidener Anzeiger vom 15.11.1905)*

Städt. Seefischmarkt.

Freitag, den 22. ds. Mts., ab früh 7 Uhr in der früheren Freibank (Fleischgasse) Verkauf von blutfrischen Seefischen und zwar:

Schellfisch, Karbonadenfisch, Kabliau, Seelachs, Tarbutt, Rotbarsch.

Bestellungen werden mündlich und telephonisch im städt. Einwohnermeldeamt entgegengenommen.

Billigste Preise.

Grosser Fischfang

folgedessen Preise am Freitag sehr billig.

Schellfisch	Pfd.	18	Pfg.
Kabliau	"	10	"
Rotzungen	"	15	"
Silberlachs	"	12	"

Joh. Köppendörfer.

Die Seefische treffen erst Freitag früh ein.

Blick auf Weiden mit Michaels- und Josefskirche. Gemälde von Wilhelm Vierling, 1885–1974. Stadtmuseum Weiden
Vierling war wohl einer der bedeutendsten Künstler der Stadt und sowohl als akademischer Maler als auch als Bildhauer tätig. Nicht nur in den Weidener Kirchen, hier ist vor allem St. Josef zu nennen, sondern auch in vielen Kirchen der Umgebung war er als Künstler sowie als Restaurator und Vergolder tätig.

Was es sonst noch zu berichten gibt

Vom 16. bis 20. Mai 1897 weilte seine Königliche Hoheit Prinz Ludwig, der spätere König Ludwig III., in Weiden. Er besuchte die Wanderversammlung bayerischer Landwirte und absolvierte ein umfangreiches Besuchsprogramm in der Oberpfalz. Er wohnte bei Bürgermeister August Prechtl in dessen Haus am Schlörplatz und bedankte sich für die erwiesene Gastfreundschaft auf wahrhaft huldvolle Weise:

Weiden, 21. Dez. Eine hohe Ehre ist, wie uns mitgetheilt wird, unserm Stadt-Oberhaupte Herrn Rechtsanwalt Prechtl zu theil geworden. Unser allverehrter Prinz Ludwig, höchstwelcher anläßlich des landwirthschaftlichen Festes in diesem Jahre als Gast in den Mauern des Herrn Bürgermeisters weilte, hat nämlich seine Theilnahme an dem jüngst eingetretenen freudigen Familien-Ereignis dadurch bekundet, daß er bei der Taufe des ersten Stammhalters des bürgermeisterlichen Hauses die Pathenstelle übernahm. *(aus: Weidener Anzeiger vom 22.12.1897)*

Weiden hatte auch seine Sensationen:

Weiden, 7. Okt. Wie wir von zuverlässiger Quelle hören, ist in unserer Stadt die interessante, hochwichtige Rönthgen'sche Erfindung durch einen Apparat vertreten; Hr. Landgerichtsarzt Dr. Haupt hat keine Kosten gescheut und einen derartigen Apparat angeschafft. Diese Nachricht ist umso freudiger zu begrüßen, da jetzt auch hier mit diesem nützlichen Instrument hochwichtige Experimente ausgeführt werden können und jedenfalls wird Herr Dr. Haupt auch hier wieder sehr zivile Preise stellen. *(aus: Weidener Anzeiger vom 7.10.1897)*

Weiden, 19. Mai. Gestern abend zwischen 7 und 1/2 8 Uhr war ein mit einem Leutnant und Unteroffizier besetzter Doppeldecker der zur Zeit in Grafenwöhr stationierten Fliegerabteilung durch Motordefekt gezwungen, auf den Schanzlwiesen zu landen. Dieses für Weiden ganz außergewöhnliche Ereignis brachte Jung wie Alt auf die Beine und zählte die Zuschauermenge bald nach Tausenden. Nach Behebung des Defektes hatten die Flieger insofern eine schwierige Aufgabe, weil sich ein Teil der Zuschauer allzusehr an das Flugzeug herandrängte, sodaß es an dem benötigten freien Platz mangelte. Möge sich zukünftig das besonders neugierige Publikum im Interesse der Flieger, wie auch der Wiesenbesitzer etwas taktvoller benehmen. *(aus: Weidener Anzeiger vom 20.5.1914)*

Für ziemlichen Wirbel sorgte auch – die Einführung des Flaschenpfands in Weiden am 1. Mai 1914.

Die beteiligten Brauereien Ankerbräu, Bürgerbräu, Forster (Rothenstadt), Götz, Heigl (Schirmitz), Iblacker, Kastner (Marktredwitz), Landgraf, Leipold, Neumaier, Pfister (Etzenricht), Schätzlerbräu, Schloßbrauerei Friedenfels, Schoberth (Bayreuth), Schwab (Pirk) erklärten, sie sähen sich zu diesem Entschluß veranlaßt »nicht nur durch die ständigen großen Verluste an Bierflaschen«, sondern sie wollten damit zugleich dem Wunsch weiter Kreise der Bevölkerung und der Behörden Rechnung tragen, »nachdem über die Belästigung durch die allenthalben umherliegenden Scherben von zerbrochenen Flaschen seit langem lebhaft Klage geführt wird.«

Der Weidener Anzeiger stand dieser Neuerung durchaus positiv gegenüber. So vermeldete er am 1. Mai 1914:

Weiden, 30. April. Die Einführung des Flaschenpfandes. Nach Beschluß der Brauereien von Weiden und Umgebung gelangt von Freitag, den 1. Mai 1914 ab das Flaschenpfand in Weiden und Umgebung zur Einführung, d.h. es wird von nun an Flaschenbier nur noch dann abgegeben, wenn entweder eine leere Flasche zurückgebracht oder aber ein Einsatz von 10 Pfg. pro Flasche geleistet wird. Mit der Einführung des Flaschenpfandes tragen die Brauereien einem Wunsche Rechnung, der von allen Seiten mit zunehmender Deutlichkeit laut geworden ist. Hat doch der Unfug, entleerte Bierflaschen wegzuwerfen, statt sie nach Gebrauch wieder an die Verkaufsstelle zurückzugeben, immer mehr zugenommen. Verschönerungs- und Sportvereine, wie alle Naturfreunde, führten lebhafte Klage; nicht selten waren Verletzungen durch Umherliegenlassen von Glassplittern eingetreten, mancher Pneumatik war ihnen zum Opfer gefallen. Es steht zu hoffen, daß all diesen Beschwerden nun mit einem Schlage ein Ende gemacht wird: die Brauereien haben es an einem Entgegenkommen nicht fehlen lassen, indem sie sich bereit erklärt haben, schon die gegenwärtig im Verkehr befindlichen Flaschen gegen gefüllte Flaschen in Tausch zu nehmen. So wird sich die Einführung ohne alle Schwierigkeiten vollziehen. Sache des Publikums wird es nunmehr sein, sich mit der neuen, so außerordentlich begrüßenswerten Einrichtung zu befreunden. Wer bisher schon Ordnung hielt, wird die Einführung des Flaschenpfandes überhaupt nicht empfinden, für die anderen aber ist es hohe Zeit, im Interesse der Allgemeinheit sich an Ordnung zu gewöhnen.

Folgende Bekanntmachung ist ein weiteres Beispiel dafür, daß die Probleme der Neuzeit, wie Umweltverschmutzung und Unzulänglichkeiten im Straßenverkehr nicht ganz so neu sind:

Bekanntmachung
Betreff: Gefährdung der Sicherheit des Straßenverkehrs durch Stehenlassen von Wagen
Häufig schon wurde beobachtet, daß Fuhrwerksbesitzer aus Bequemlichkeit auf der Straße Wagen stehen lassen.

Da im Frühjahr der Auto-, Radfahr- und Kraftfahrradverkehr in Weiden stark einsetzt, besonders durch die Altstadt und auch auf der Allee, muß mit

Der Postkeller war eines der beliebtesten Ausflugslokale der Weidener. Der Name ist zurückzuführen auf einen Felsenkeller, der einst zum Hotel Post gehörte.

Rücksicht auf drohende schwere Unglücksfälle, deren Folgen strafrechtlich und zivilrechtlich von unabsehbarer Tragweite sein können, mit allen Mitteln diesem grob fahrlässigen Treiben ein Ende gemacht werden.

Besonders gefährlich ist das Stehenlassen von Wagen auf öffentlichen Straßen während der Nacht.

Dies wird zur Kenntnis gebracht mit dem Beifügen, daß in jedem einzelnen Falle Strafanzeige erstattet wird.

Weiden, den 28. April 1913
Stadtmagistrat:
Knorr, rechtsk. Bürgermeister
(aus: Weidener Anzeiger vom 30.4.1913)

Der große Bierstreit

Im Jahr 1897 eskalierte der schon lange in der Stadt schwelende Bierstreit erneut. Ursache war, daß viele Weidener Bürger, sich auf ihr aus dem Jahr 1456 herrührendes Brau- und Schankrecht berufend, Bier ausschenkten. Allerdings brauten sie ihr Bier nicht mehr selbst, sondern bezogen es aus gewerblichen Brauereien und diese »Nebenerwerbsbierwirtschaften« waren natürlich den Gastwirten schon lange ein Dorn im Auge gewesen.

Aufruf

an sämmtliche Bürger der Stadt Weiden.

Wie der gesammten Bürgerschaft der Stadt Weiden bekannt sein dürfte, wurde durch Beschluß das k. Bezirksamts Neustadt a. W.-N. vom 26. November 1897 das seit mehreren hundert Jahren in hiesiger Stadt bestehende Bürgerbaurecht aufgehoben, trotzdem in dem Grundsteuerkataster der Stadt Weiden unter den Rechten folgender Passus vorgetragen ist:

»Durch besonderes Privilegium für die Stadt Weiden ist jeder wirkliche Bürger, daß ist jedes mit dem Bürgerrechte versehene Gemeindemitglied, daselbe mag im Besitze eines förmlichen Anwesens sein oder nicht, berechtigt Bier brauen und verschleißen zu dürfen.

Ein Gemeinde oder Kommunbrauhaus besteht nicht, die Bräuhäuser sind Privateigentum einzelner Bürger.«

Der Erlaß des erwähnten Beschlusses wurde durch ein dem kgl. Bezirksamt Neustadt a. W.-N. seitens der hiesigen Wirthe zugekommenes Gesuch um Aufhebung des Bürgerbraurechtes für Weiden herbeigeführt und sohin ist den Weidener Bürgern ein ihnen, wie schon erwähnt seit mehreren hundert Jahren zustehendes Recht mit einem Federstrich abgesprochen.

Welches der Zweck der Herbeiführung dieses Beschlusses seitens der hiesigen Wirthe sein wird, dürfte sicherlich nicht jedem Weidener Bürger, sondern jedem Einwohner bekannt sein; denn wer sind denn diejenigen Personen, welche bis jetzt den Bierpreis für Weiden auf 20 Pfg. per Liter erhalten?

Die Bürger infolge der Ausübung ihres ihnen zustehenden Braurechtes und es darf als sicherlich eintreffend gesagt werden, daß, wenn die Bürger den jetzt erlassenen Beschluß bezüglich der Aufhebung des Braurechtes ruhig ergehen lassen, es nicht lange anstehen wird, daß der Liter Bier in hiesiger Stadt nicht 20 sondern 24 Pfg. kostet.

Welcher Schaden durch letztgenannten Preis (24 Pfg.) der hiesigen Bürger- sowie Einwohnerschaft zustoßen wird, dürfte aus folgendem Beispiel ersichtlich sein:

Es bedarf eine Familie täglich 5 Glas Bier ... zum Preise von 10 Pfg. per Glas. Dies beziffert sich jährlich auf 182 Mark 50 Pfg., ist dagegen der Bierpreis per Glas 12 Pfg., so hat man eine jährliche Ausgabe von 219 Mark, folglich eine Mehrausgabe von 36 Mark 50 Pfg. jährlich...

Dieses Recht zu erhalten bedarf der Vereinigung eines größeren Körpers, welcher die Durchführung betreibt und auch die nöthig werdenden Kosten bestreitet; nachdem diese in vorliegendem Falle durchaus nicht zu hoch zu rechnen sind und bei einer größeren Betheiligung im Falle der Durchführung in sämmtlichen Instanzenwegen, incl. der Vertretung durch einen Rechtsanwalt auf 3 bis äußersten Falls 5 Mark per Bürger zu rechnen sind, so wird man sich sicherlich der Hoffnung hingeben dürfen, daß sich jeder Büger sagt:

»Nein«, um 3 oder 5 Mark lasse ich mein und meiner Kinder und meiner Kindeskinder Recht nicht mit einen Federstrich wegnehmen, wenn es nicht sein muß!« ...

Aufruf

daß sich jeder Bürger in dieser Liste einzeichnen und dadurch bezeugen möge, daß er sich das altherkömmliche und jedem Gering- sowie Besserbemittelten zu Gute kommende Recht kurzweg ein für allemal nicht entziehen lassen will, darum

»Auf ihr Bürger zur Unterschrift für Euer Recht!«

Weiden, den 3. Dezember 1897.

Der gewählte Ausschuß

(aus: Weidener Anzeiger vom 4.12.1897)

Weiden als »Blüte der Oberpfalz«
Passepartout-Postkarte von 1901

Auf diesen flammenden Aufruf vom 4.12. folgte eine Antwort der konzessionierten Wirte unter der Rubrik »Eingesandt« im Weidener Anzeiger vom 5.12.:

Die Inhaber konzessionierter Wirthschaften hiesiger Stadt haben bisher gegenüber den Berichten und Zeitungsartikeln, welche der anonyme Ausschuß der »privilegierten Schankberechtigten« in hiesigen Zeitungen bezüglich des angeblichen Schankprivilegs veröffentlichte Stillschweigen beobachtet, weil sie der Anschauung sind, daß weder die Presse noch öffentliche Versammlungen der richtige Ort zum Austrag dieser Rechtsfrage sind.
Der gestrige »Aufruf an sämmtliche Bürger der Stadt Weiden« enthält jedoch derartige Entstellungen der Sache und Rechtslage, daß die Gesammtbürgerschaft ein Recht darauf hat, die fragliche Angelegenheit auch in anderer richtiger Beleuchtung dargestellt zu sehen.

Die Wirte, vertreten durch ihren Rechtsanwalt Bestelmeyer, zitieren dann das Gesetz, wonach nur Brauer ihr selbst gebrautes Erzeugnis in einem Lokal und auf ihrem Lagerkeller ausschenken dürften, außerdem dürften Kommunbrauer nur ihr eigenes Erzeugnis ausschenken. Dies sei in Weiden nicht der Fall, die Schankbürger wurden Bier aus den Privatbrauereien Schätzler, Iblacker und Landgraf ausschenken. Außerdem wurde moniert:

Es werden eigene Lokalitäten für den dauernden nicht nur »Schank-, sondern auch »Gast- und Speisewirthschaftsbetrieb« eingerichtet. Es werden Fischpartien u.s.w. in diesen Lokalitäten abgehalten, es werden Getränke aller Art, nicht nur »selbstgebrautes« Lagerbier zum Ausschank gebracht, und das selbstgebraute Bier wird in der Weise »erzeugt«, daß eine Polette bei der Aufschlageinnehmerei geholt, diese einem beliebigen Brauer übergeben; dann ohne Rücksicht auf die Zeit, welche ein aus diesem Malz etwa herzustellendes Bier bis zur Schankreife benöthigt, und auf das in der Polette angegebene Malzquantum von dem Brauer Bier bezogen und flott darauflos geschänkt wird.

Dazu kommt noch, daß die fraglichen Schankstätten weder bezüglich der Person des Inhabers noch bezüglich des Lokals und der Bedürfnisfrage irgendwelcher Prüfung sich unterziehen und daß sie, während der konzessionierte Gastwirth eine hohe Gewerbesteuer und die daraus folgende Umlage zu entrichten hat, für die ersten 100 Hektoliter ausgeschänktes Bier gar keine, für die weiteren je 10 Hektoliter nur den geringen Betrag von je 54 Pf. entrichten, obwohl sie sich nur dem Namen z.B. »Volksküche«oder »Garküche«, nicht aber dem Betriebe nach von wirklichen konzessionierten Gastwirthschaften unterscheiden.

Der Ausschuß der brauberechtigten Weidener Bürger antwortete auf dieses »Eingesandt« natürlich, ebenfalls mit Spitzen gegen die Gastwirte, z.B. bezüglich der angebotenen Fremdenzimmer, und auch gegen den Rechtsanwalt, der kein Einheimischer war.

Das Grabenanwesen, der »Gasthof zum Schwan«, war in seiner »Hochzeit« Stammlokal für viele Vereine und Anlaufstelle für Reisende.

Weiter sagt Rechtsanwalt Bestelmeyer, daß die Gewerbeordnung für ganz Bayern, sohin auch für Weiden maßgebend sei; dieses wußte die Weidener Bürgerschaft schon, bevor Rechtsanwalt Bestelmeyer nach Weiden übersiedelte und bedarf einer diesbezüglichen Aufklärung durchaus nicht.

In Weiteres wollen wir uns nicht einlassen, jedoch versichern wir jetzt schon dem Rechtsanwalt Bestelmeyer, daß die Weidener Bürger bezüglich der Erhaltung ihrer Rechte so zähe wie Schusterpech, so spröde wie Faßpech und so scharf in ihren Erklärungen wie die Zeitung am Färbergraben zu München sind. *(aus: Weidener Anzeiger vom 7.12.1897)*

Der Streit ging noch lange weiter und gipfelte in einem Prozeß gegen die beiden Metzgermeister Heinrich Kraus »beim Siebersteffel« genannt, und Gottfried Roscher. Die Kommunschänke des letzteren in der Türlgasse nannte man »Zur kalten Herberge«, weil er auf die Bitte seiner Gäste, doch einzuheizen, Zündhölzer in die Ofenröhre legte und sagte »Es ist Feuer im Ofen.« Beide wurden am 26. Oktober 1901 wegen Vergehens gegen die Gewerbeordnung zu einer Geldstrafe von fünf Mark bzw. einem Tag Haft verurteilt. Die eingelegte Revision hatte keinen Erfolg. Das Oberste Landesgericht zu München bestätigte am 18. Januar 1902 das Urteil und verfügte überdies, daß sich die Weidener an das Gewerbegesetz von 1868 zu halten hätten, daß kommunalberechtigte Brauer nur Bier ausschenken dürfen, das in einem Kommunbrauhaus gebraut wurde. Ein solches hatte Weiden nie besessen. Der Umstand, daß das Bürgerbraurecht jahrhundertelang unbeanstandet ausgeübt worden war, war ohne Bedeutung. Damit war nun in Weiden die schöne Bier-Zoigl-Zeit zu Ende.

Verzeichnis der Farbabbildungen